ANTOINE THIROUX

ANCIEN ÉLÈVE DU SÉMINAIRE DE SAINT-SULPICE

ANCIEN AVOCAT

A LA COUR D'APPEL DE PARIS

PARIS

BERCHE ET TRALIN, ÉDITEURS

69, RUE DE RENNES, 69

1884

ANTOINE THIROUX

ANTOINE THIROUX

SOUS-DIACRE DU SÉMINAIRE DE SAINT-SULPICE

ANCIEN AVOCAT

À LA COUR D'APPEL DE PARIS

PARIS

BERCHE ET TRALIN, ÉDITEURS

69, RUE DE RENNES, 69

—

1884

CHAPITRE PREMIER

L'ENFANCE. — LE COLLÈGE.

Rose-Antoine Thiroux naquit à Ville-momble (Seine), le 27 avril 1840, d'une famille dans laquelle il trouvait de fortes traditions de travail et de foi. C'est là qu'il passa ses premières années. Il était le seul survivant de six enfants : sa chétive santé justifia longtemps les craintes que la mort de ses frères avait suffi à inspirer. Mais, avec ces frêles apparences, lui-même avoue, dans des notes trop courtes laissées par lui sur la première partie de sa vie, qu'il était d'une nature ardente, impérieuse, portée à la violence et à la révolte : ceux qui l'ont connu alors ne le démentent pas sur ce

point, et ses amis des derniers jours retrou-
veront aisément dans ses qualités d'homme
fait les traces de ses défauts d'enfant, vain-
cus par de persévérants efforts : les uns et
les autres reconnaîtront, sous le jugement
sévère qu'il a porté de lui-même, un de
ces caractères énergiques et passionnés
qui offrent plus de prise à la grâce, plus
de ressources à la sainteté, et qui plus
que tous autres peuvent devenir, par une
transformation divine, capables de tout
héroïsme.

A huit ans il perdit son père : il n'en
avait gardé qu'un souvenir indécis. Il fut
de ceux que la Providence appelle à rem-
placer dès l'enfance, autour d'eux et pour
eux-mêmes, le chef de famille absent, et
qui doivent à cette responsabilité précoce
une autorité comme naturelle, une trempe
personnelle de l'esprit et du caractère, et
plus de force peut-être que de douceur.
Cependant il ne grandit pas seul et au
hasard : il fut élevé ; sa mère lui était
restée, et, par la place que son amour pour

elle tint toujours dans son âme, même à des époques où il s'y rencontrait avec d'autres affections, on peut deviner quelle part il eut dans sa formation première, à cet âge qui ne connaît guère d'autre sentiment ni d'autre religion que la piété filiale.

L'âge du collège était venu : Antoine fut envoyé en pension à Paris, d'abord comme externe, puis comme interne. L'internat, ainsi qu'il arrive souvent, développa les défauts que la vie de famille n'avait pu réduire, et de l'enfant léger et insoumis fit un élève dissipé et difficile.

Ce n'était pas la pension qui devait le corriger, mais Dieu l'attendait. Sa première communion, qu'il fit à onze ans, à Saint-Vincent-de-Paul, eut un effet surprenant : déjà la retraite qui l'y prépara fit pressentir en lui un grand changement, mais la grâce sacramentelle eut une puissance et une promptitude d'efficacité vraiment divines. S'il ne reçut pas ce jour-là cette faveur, non sans exemple, d'une vision anticipée de sa vie et de sa vocation, il fut du moins acheminé dès lors vers l'accomplissement des plus lointains desseins de Dieu par les résolutions sincères qui jaillirent de son cœur avec ses larmes, et par l'amendement progressif qui data pour lui de cette heure. Entouré d'exemples et de dangers qui se retrouvent partout où des enfants vivent réunis et renfermés, il sentit que la bravoure contre le mal consiste quelquefois à le fuir, et que la ruse naïve de l'oiseau qui caches a tête sous son aile pour éviter d'être pris est la prudence souveraine de l'enfant : il ferma les yeux et ne fut pas atteint. Mais en même temps il fut averti, par une sorte d'instinct moral précocement développé, que l'étude est le meilleur préservatif des mœurs, parce qu'elle est le dérivatif d'une activité qui veut être employée, et que l'occupation de l'esprit est la sauvegarde du cœur et des sens.

Vers quatorze ans, il revint à la maison maternelle, et suivit comme externe surveillé les cours du lycée *Bonaparte* (c'était en 1854). Il y porta son goût vif de l'étude,

et un esprit d'émulation qui le fit arriver
aisément à l'une des premières places dans
sa classe, comme le témoignèrent ses succès
au lycée et au concours général. Mais déjà
il était animé par des motifs plus nobles :
l'amour du devoir, qui resta un des traits
dominants de sa vie pratique comme du
type idéal qu'il s'était proposé ; plus encore,
les principes de la foi, vivifiés par des habitudes régulières de piété. Il assistait le dimanche à la grand'messe et aux vêpres,
dévotion dès cette époque peu en faveur
dans le monde parisien, moins encore dans
le monde écolier. Il se confessait et com-
muniait aux grandes fêtes. Ainsi se réunis-
saient pour lui les avantages d'une éducation chrétienne dans la famille et ceux de
l'enseignement de l'Université.

Cet enseignement pourtant, même à cette
époque, peut-être faudrait-il dire surtout à
cette époque, n'était pas sans danger. Étant
passé en 1856 au lycée Charlemagne, le
jeune Thiroux y rencontra un professeur
d'histoire voltairien déclaré. Il était à l'âge

où, en religion comme en toute chose, on n'est guère qu'un écho : ses croyances chrétiennes, reçues du dehors comme ses opinions littéraires ou historiques, n'avaient pas cette force de résistance intime que donnent la réflexion et la refonte personnelle des convictions acceptées d'abord sur parole. Elles prêtaient le flanc à des attaques et à des insinuations qu'appuyait l'autorité spécieuse de l'âge, de la science et du talent. Ces difficultés soulevées du dehors, loin de provoquer une opposition capable d'en triompher, rencontraient même une connivence secrète dans cet âge où l'intelligence, prenant possession d'elle-même, commence à exercer sa critique et cherche à asseoir ses jugements définitifs, sans compter ces nuages qui, pour tous les esprits, quoique inégalement, naissent des premiers troubles des sens. Il entra dans l'esprit du jeune homme plus que des difficultés, il y entra des doutes, sans que pourtant sa foi paraisse avoir jamais cessé d'être maîtresse en son âme, puisqu'elle ne cessa jamais de lutter. Une ligne écrite de sa main révèle cette détresse intérieure en quelques traits brefs, mais singulièrement expressifs pour ceux qui ont vu de près ces sortes d'épreuves : « Doutes sur la foi — lutte et supplice — pas de conseils — mort de mon directeur. » Ce directeur, ou celui qui le remplaça, avait cru bien faire en conseillant au jeune rhétoricien si violemment troublé la lecture des œuvres de M. de Lamennais. Si l'on se rappelle la façon dont M. Thiroux lui-même jugeait son caractère, « ardent, impérieux, violent, insoumis », on comprendra que l'éloquence bilieuse de l'auteur de l'*Essai sur l'indifférence* n'était pas faite pour le rasséréner. Il y trouva un excitant de plus, et si ses doutes se calmèrent, il en faut sans doute rendre honneur moins aux livres dans lesquels il cherchait des solutions particulières à toutes ses difficultés de détail, qu'à ces réponses souveraines que fait de haut la parole maîtresse du Sauveur, à ces remèdes radicaux que sa grâce applique à ce mal intérieur de l'âme. Ses pratiques de piété, qu'il n'avait pas abandonnées durant les deux années que durèrent ces tentations, l'aidèrent à en triompher; les moyens naturels, l'amour de l'étude et spécialement de la philosophie, vinrent à l'aide de la grâce. Il devina aussi qu'on s'affermit, dans la foi comme dans la vertu, en soutenant les autres : il sauva, avec ses croyances et ses habitudes chrétiennes, celles d'un de ses condisciples, qui dut à sa ferme amitié de ne pas devenir, comme tant d'autres, un apostat précoce, et lui en garde encore une impérissable reconnaissance. M. Thiroux fit une excellente année de philosophie, qui fut couronnée par le prix d'honneur au concours général. Il sortait du collège avec un gain plus grand encore que ce brillant succès: il en emportait une foi désormais éprouvée, qui, loin de se laisser diminuer par le contact du monde, allait y faire sentir sa vitalité et sa fécondité divines.

CHAPITRE II

LE DROIT. — PREMIÈRE IDÉE DE VOCATION.

Ses goûts de travail, et peut-être l'absence de goûts plus prononcés, dirigeaient M. Thiroux vers l'étude du droit. Il suivit les cours avec la régularité et l'application propres à son tempérament moral, sinon à celui qu'il avait reçu de la nature, du moins à celui qu'il s'était fait. Il n'aurait pas rempli son mérite en se contentant de viser des diplômes que la foule des étudiants médiocres a un peu dépréciés; il passa ses examens, y compris ceux du doctorat, avec un total constant de boules blanches; et obtint au concours de la Faculté le premier prix de droit romain et la seconde médaille de doctorat.

Sa foi n'eut pas plus à souffrir de l'indifférence dont il se trouva entouré dans le monde que de l'hostilité qu'il avait rencontrée au collège : la liberté de tout voir et de tout entendre en fait de doctrines ne lui fut pas plus nuisible que ne l'avait été l'action continue d'un enseignement sceptique. Il garda dans sa piété la simplicité de l'enfance, et y joignit seulement l'activité de son âge, et déjà une gravité précoce. Pendant ses vacances, qu'il passait à Villemomble, on le voyait assister quotidiennement à la messe, tenir à honneur de la servir : sans doute il faisait de même à Paris, pendant l'année, quand ses cours le lui permettaient, mais il ne s'est pas trouvé là de témoins pour recueillir ces exemples et les conserver. Comme tous ceux qui aiment Dieu, il aimait les pauvres. Il fit si bien que, malgré sa parfaite modestie et son attention à éviter toutes les singularités de conduite, il ne put échapper à cet étonnement que donne toujours au monde, déshabitué aujourd'hui de tels exemples, la

rencontre d'un jeune homme chaste et chré‑
tien. Le monde, comme les théologiens le
disent du démon, qui ne comprend pas les
opérations intimes de la grâce, raisonne
finement sur ses manifestations extérieures :
il crut ici que tant de foi et de vertu pra‑
tique n'étaient pas faites pour lui, et sup‑
posa que cette dévotion, dont le barreau ou
le mariage ne lui semblait pas digne, abou‑
tirait au séminaire : cette fois, il ne se
trompait pas. Dieu avait fait entendre sa
voix au jeune homme. Ainsi qu'à plus d'un
appelé, la vie sacerdotale s'était présentée à
lui, non pas par ses côtés austères, comme
la voie étroite et rude où s'usent les im‑
perfections humaines, mais par ses côtés
attrayants, comme la voie large où son zèle
trouverait occasion de se mouvoir à l'aise,
où il pourrait donner libre carrière à tous
ses généreux élans : être prêtre, ne serait‑ce
pas en somme le moyen le plus sûr, le plus
commode et le plus fécond, de rester bon
et de faire le bien ? Il agita longtemps ces
pensées dans sa tête : peut‑être est‑ce à ce

temps, à ses promenades solitaires, qu'il se reportait par le souvenir, lorsque, dans les dernières années de sa vie, montrant de loin à un de ses amis les hauteurs boisées du plateau d'Avron, il lui disait : Voilà où j'ai si souvent fait oraison. » Puis il s'ouvrit à son directeur de ces projets encore in- décis : il s'en ouvrit aussi à ce directeur naturel qu'il ne consultait pas moins fidèle- ment sur les affaires de son âme que sur celles de sa vie matérielle, à sa mère. Mais avant qu'il eût reçu leur réponse, Dieu se chargeait de prévenir sa décision : ce pre- mier appel n'était qu'une annonce, comme le premier coup de vêpres qui, au sémi- naire, avertit les clercs de se tenir prêts à partir au second pour l'église.

Au mois de septembre 1861 (il venait de terminer sa deuxième année de droit), M. Thiroux, en tournée de vacances à tra- vers la Normandie, rencontra sur un ba- teau une jeune fille qui voyageait avec sa famille. Cet instant décida de sa vie : l'idée de mariage surgit du premier coup dans

son esprit, occupé jusque-là de l'idée de
vocation religieuse, et si vivement, que
sans exclure cette dernière pensée, elle
s'établit et vécut à côté d'elle. Il ne vit
plus au monde que deux êtres dignes de
remplir sa vie : Dieu seul, ou, avec lui,
cette jeune fille. Dieu était doublement bon :
il lui permit de donner son cœur à l'un et
à l'autre. A ces rapports que l'occasion
fait naître et disparaître entre voyageurs,
avaient succédé pour M. Thiroux, avec la
famille ainsi connue, des relations d'amitié
qui lui laissèrent le loisir de préparer,
sans imprudence ni brusquerie, la nouvelle orientation de sa vie. D'une part
l'appel d'en-haut avait été trop clair pour
qu'il pût n'en plus tenir compte; de l'autre,
ce nouvel attrait lui semblait trop puissant
et aussi trop bienfaisant, cette âme lui paraissait trop manifestement destinée à faire
le complément et le bonheur de la sienne,
pour qu'il ne se crût pas autorisé à voir
dans cette rencontre la main de Dieu, le
remettant dans l'ordre véritablement pro-

videntiel. Quelque parti qu'il dût prendre, l'un et l'autre voulait être traité avec réflexion et respect. M. Thiroux apporta à cette élection solennelle la gravité qu'il mettait en toutes choses : il n'aurait pas voulu demander à Dieu de bénir l'engagement à une créature, si excellente qu'elle fût, d'un cœur dont Dieu même aurait été frustré ; d'autre part, s'il devait se marier, il voulait prendre le soin et se donner la joie de se convaincre qu'il avait bien trouvé la femme profondément chrétienne seule digne à ses yeux de partager son cœur avec Dieu. Il ne lui fallut pas moins de cinq ans pour mener à bonne fin cette double et parallèle épreuve, du mérite éminent de celle qui devait être sa femme, et de sa vocation personnelle. Au bout de ce temps il voyait clair dans son âme. Son directeur, consulté sur le mariage comme il l'avait été sur la vocation, se prononça pour le mariage. Dieu se plaît parfois à paraître se perdre dans les choses humaines, parce qu'il est toujours sûr de s'y retrouver ; le

12 juin 1866, il bénissait ce premier engagement d'un cœur qu'il n'abandonnait,
après l'avoir marqué du sceau de ses élus,
que pour se le faire conserver comme un
dépôt qu'il comptait réclamer un jour.

CHAPITRE III

LE MARIAGE. — LE CHRÉTIEN DANS LE MONDE.

———

Le mariage combla tous les vœux de
M. Thiroux, et il ne tint qu'à lui de penser
pendant quinze ans que Dieu avait rétracté
son appel, ou que ce qu'il avait cru entendre
était une illusion.

Il avait trouvé dans sa femme une affection égale à la sienne, des goûts conformes
aux siens, et ce commerce de l'esprit qui,
chez les natures cultivées, aide si puissam-
ment l'union du cœur.

Sa position de fortune le mettait, non
seulement à couvert des difficultés que
présentent d'ordinaire les débuts au barreau, mais en état de satisfaire ses goûts

d'artiste comme sa charité chrétienne, de
développer son âme par tous les grands
côtés et d'aller à Dieu par tous les grands
chemins à la fois. Ouvert aux formes mul-
tiples et dès ici-bas presque infinies de la
beauté, il allait chercher au loin par des
voyages ces chefs-d'œuvre de la nature et
des arts dont le spectacle lui laissait toujours au fond de l'âme une impression religieuse : il était par la foi de la race de ces
savants dont il écrivait, à la fin de cette dis·
sertation philosophique qui fut couronnée
par le prix d'honneur : « Ils voyaient Dieu
partout où ils voyaient l'ordre, c'est-à-dire
partout dans l'univers. » Il avait également
dû se ménager une source de saines émo-
tions dans sa propre raison, dont il avait
fait, non point, comme il arrive trop sou·
vent aux gens du monde, un bric-à-brac
frivole ou scandaleux, mais un musée ou·
vert seulement à un art noble et chrétien,
comme la vie qui s'y passait. Ceux qui ont
eu la faveur d'admirer chez lui et avec lui
la charmante *Vierge* du Corrége dont il

s'était rendu possesseur, savent combien il était naturellement porté par l'admiration à l'amour divin, et plus loin on verra une des précieuses toiles qu'il avait ainsi réunies servir d'occasion et comme de témoin à la décision suprême de sa vie.

Ses occupations à l'extérieur répondaient à ces joies intimes. Le patronage de deux véritables *maîtres,* Me Hébert, ancien ministre de la justice, et Me Josseau, alors député influent, auprès desquels il remplissait, dès avant son mariage, les fonctions de secrétaire, avaient commencé de lui donner les deux premiers éléments du succès au barreau, du savoir-faire et des relations. Une étude de législation et de jurisprudence qu'il publia en 1867 sur l'industrie toute contemporaine des *Chercheurs de successions,* fut remarquée. D'ailleurs, assuré du lendemain à un âge et dans une position où l'on vit d'ordinaire au jour le jour, son aisance lui permit de se donner la satisfaction d'une rare délicatesse de conscience, et de n'accepter que

les bonnes causes. En 1871 cependant, il
défendit à Versailles devant les conseils de
guerre plusieurs gardes nationaux accusés
d'avoir pris part à l'insurrection parisienne :
à plus d'un il aurait pu dire, comme Berryer
à l'assassin qu'il avait fait acquitter : « Allez,
et ne recommencez pas. » Pourtant il plai-
dait de bonne foi, non seulement devant
les juges militaires, mais devant ses amis,
les circonstances atténuantes en faveur de
ces égarés : il ne pouvait se défendre vis-à-
vis de ses clients les plus compromis de
cette faiblesse que les aumôniers de prison
éprouvent pour leurs condamnés. Il resta
en correspondance avec plusieurs d'entre
eux : un ancien officier fédéré, qu'il avait
réussi à sauver du chemin de Satory et
qui en avait été quitte pour celui de la
Nouvelle-Calédonie, vint le voir quelques
années plus tard, après l'amnistie. Une
fois au séminaire, il se proposait de garder
ces relations : il pensait qu'un prêtre doit
avoir, comme Notre-Seigneur, beaucoup
de mauvaises connaissances.

Il avait le droit de défendre des émeutiers sans être suspect à l'autorité militaire, après qu'il avait payé sa dette personnelle à la patrie en danger. La guerre l'avait fait soldat, ou du moins garde national, et même capitaine : s'il accepta ce grade et l'emploi de rapporteur auprès du conseil de guerre, ce fut, on peut en être assuré, non pas dans le désir d'échapper aux corvées et aux périls du service actif, mais avec l'espérance d'utiliser ses ressources particulières, et de rendre, par sa connaissance du droit et de la procédure, des services réels, au lieu d'être, comme plus d'un, sous un travestissement belliqueux, un embarras pour les troupes.

Ce rôle militaire ne fut qu'un épisode dans la vie de M. Thiroux, qui montre seulement qu'il fut, selon le besoin, l'homme de tous les devoirs. La carrière d'avocat n'eût peut-être même pas été, s'il fût resté dans le monde, sa voie définitive. Son esprit net, solide, méthodique, l'attirait vers le professorat plus encore que vers le barreau.

En 1876, il fut chargé à l'école Fénelon, qui comptait alors une petite famille d'étudiants en droit, d'un cours de procédure civile, auquel s'adjoignit, l'année suivante, un cours de Code pénal et d'instruction criminelle. Plusieurs de ses élèves d'alors, qui eurent la joyeuse surprise de retrouver quelques années plus tard, comme confrère à Saint-Sulpice, leur ancien professeur, se rappellent l'ordre et la clarté qu'il savait mettre dans cette poussière de notre droit, la précision de termes et la rigueur de déductions qui donnaient à ces matières arides presque l'intérêt d'un cours de sciences mathématiques. Ces répétitions familières données à un public de choix le préparaient à un plus vaste auditoire ; et au moment où les événements vinrent changer le cours de ses études et de ses pensées, il pouvait espérer que son talent, appuyé par une ancienne amitié de collège, allait lui donner accès à une des chaires de droit à l'Institut catholique de Paris.

Au milieu de ces occupations extérieures

et des joies de son foyer, M. Thiroux n'oublia pas Celui auquel il devait son travail comme son repos. Il sanctifia son bonheur conjugal par la pratique des deux vertus qui avaient préservé sa jeunesse : la piété et la charité. Il ne voulut pas que Dieu perdît à son mariage : il s'était proposé d'être dans le monde un aussi bon chrétien qu'il avait une fois rêvé d'être un bon prêtre dans l'Église. Si le *caractère* sacerdotal lui échappait, il voulut retenir au moins quelque chose du *ministère* évangélique. C'est ce qui lui fit accepter les fonctions de membre du conseil de fabrique, tant à Villemomble qu'à Saint-Eugène. La Conférence de Saint-Vincent-de-Paul établie sur cette dernière paroisse put apprécier son dévouement. Il avait plus que la flamme du zèle, il en avait la science et la patience. Il faisait la charité non pas seulement avec son argent, aumône banale et insuffisante, à la portée de toutes les fortunes sans être à la hauteur de toutes les misères, mais avec son talent, avec son expérience, avec sa parole, avec ses connaissances et son savoir-faire qu'il mettait à la disposition de quiconque l'en priait : dans ces questions quotidiennement posées de legs pieux, de fondations charitables, d'ouvertures d'écoles, de régularisation de mariages, de rectification d'actes de l'état civil ; dans ces affaires complexes dont la solution est si capitale, mais le maniement si délicat, il apportait un zèle armé de cette connaissance théorique et pratique du droit si nécessaire en ce temps de tracasseries légales, où l'homme de Dieu doit se montrer quelque peu jurisconsulte et avocat comme le démon qui l'attaque. C'est ainsi que M. Thiroux fit partie de l'*Assistance judiciaire*, qui rend aux plaideurs pauvres le service signalé de leur éviter autant que possible les frais et les difficultés de la procédure ; du Comité des écoles libres établies, par la nécessité des temps, dans son arrondissement ; qu'il fut, en un mot, de toutes les œuvres où il vit le moyen de faire le bien de la vraie manière, c'est-à-dire chrétiennement. Mais quoiqu'il ne se refusât à aucune sollicitation de la charité et qu'il se donnât tout entier à chacune des entreprises de zèle que sa prudence avait une fois acceptées, un de ses plus cuisants chagrins, pendant les quinze années qu'il passa dans le monde, fut le regret de ne pouvoir faire davantage : son action extérieure ne répondait pas à l'activité qui le dévorait intérieurement. Il y avait en lui un homme de Dieu, un homme d'Église, que l'apostolat toujours imparfait du laïque ne pouvait contenter. Plus tard, on le verra tirer de ce souvenir une occasion de bénir Dieu, quand celui-ci l'appellera à s'occuper plus directement des âmes. Devenu séminariste, il retourna voir ses anciens pauvres de la Conférence de Saint-Vincent-de-Paul [1]. Combien alors ce ministère de visiteur lui sembla-t-il avoir plus, non seulement d'aisance, mais d'efficacité et même de fran-

---

1. Ses clients du Conseil de guerre ne furent pas, on le voit, les seuls auxquels il fut fidèle.

chise, dans ce costume qui l'amenait si naturellement à parler du vrai but de sa visite et qui déjà l'indiquait! Racontant un jour à son directeur une tournée qu'il avait faite dans les écoles où il était connu autrefois : « J'ai parlé aux enfants, écrivait-il « tout joyeux, et *cette fois* je ne me suis pas « borné à des questions d'arithmétique et « d'orthographe; mais j'ai pu, à ma grande « joie, traiter celles qui touchent l'âme et « le service de Notre-Seigneur. J'ai parlé « d'abondance et n'ai pas pensé à rester « court [1]... »

Cette partie de la vie de M. Thiroux eût fait sans doute connaître des merveilles de foi, d'abnégation et de charité comparables à ce que ses papiers intimes ont révélé de ses dernières années, si celle qui en fut le principal et parfois le seul témoin n'avait disparu, et si, dans les lettres et dans les comptes rédigés à cette époque par cet homme de bien, sa main droite qui tenait

[1]. Lettre du 17 juillet 1883.

la plume n'avait pris soin de taire les au-
mônes de sa main gauche. Mais Dieu nous
en a laissé voir assez pour nous montrer
en lui un exemplaire accompli de ce type,
auquel les difficultés des temps donnent
une grandeur singulière, du chrétien dans
le monde, — disons mieux, du chrétien
homme du monde, car **M.** Thiroux fut l'un
et l'autre, et même l'un par l'autre, sans
dédoublement ni contradiction, grâce à
cette simplicité et à cette sûreté du sens
surnaturel qui font trouver, en toute position, à l'homme véritablement spirituel, la
juste mesure et le parfait accord des pré-
ceptes évangéliques et des convenances
sociales. Il avait lu le conseil de saint Fran-
çois de Sales : « Rendez votre dévotion
« aimable; faites que chacun en dise du
« bien, » et, non content de se faire par-
donner par l'indifférence et l'égoïsme du
monde d'être un dévot et un homme de
zèle, il avait su concilier à sa personne la
sympathie, à ses croyances le respect de
tous. Vivant au milieu d'une société géné-

ralement moins chrétienne que lui d'esprit et de mœurs, il eut beaucoup d'amis : ce trait achève la peinture de son mérite comme de son bonheur.

CHAPITRE IV

Son âme, on le voit, en s'ouvrant aux
légitimes jouissances et aux plus pures affections de la terre, s'en ouvrit plus grande
à Dieu. Mais celui-ci, en dilatant par le
bonheur sa capacité d'aimer, sut par la
souffrance faire le vide dans ce cœur qu'il
voulait remplir. M. Thiroux l'aimait assez
pour mériter les épreuves : elles ne lui
furent point refusées, et il se vit acheminé
peu à peu vers la plus douloureuse et la
plus féconde de toutes.

Ses premières années de mariage n'en connurent d'autres que ces peines insaisis sables qui ne manquent à aucune existence humaine, ces difficultés que le Sauveur lui aussi rencontra dans sa famille terrestre, et auxquelles le bonheur même donne naissance, comme le soleil amasse la poussière sur les chemins. Au cours d'un voyage qu'ils firent à Rome, en 1867, M. et Mme Thiroux, reçus en audience par Pie IX, lui confièrent eux-mêmes, avec une simplicité d'enfant, certaines contrariétés venues du dehors auxquelles la perfection même de leur union les rendait plus sensibles. Pie IX, en leur répondant avec sa paternelle bonté, fit passer dans leur âme quelque chose de la sérénité qui était le caractère propre de la sienne, et, dès leur retour en France, ces légers nuages se trouvèrent si soudainement dissipés, que M. Thiroux aima toujours à rendre hommage de ce succès inespéré à la bénédiction du saint Pape.

Mais ces misères inévitables de la vie

quotidienne n'avaient pas de prise sur un bonheur aussi solidement établi : la mort seule pouvait empoisonner leur vie, et ce qui la rendait plus redoutable aux jeunes époux, était de voir que, malgré de persévérants désirs et des espérances passagères, aucun gage, aucun objet nouveau de leur affection ne venait remplir à leur foyer et dans leur cœur les vides que la mort avait commencé ou qu'elle menaçait d'y faire. Dès le lendemain de son mariage, M. Thiroux avait vu mourir son beau-père, qu'il aimait comme il eût voulu aimer le père qu'il avait perdu. Sa femme à son tour se sentit attaquée peu après du mal secret qui devait l'emporter. Il eut dans les premiers temps à faire appel aux plus puissants motifs que pût lui fournir sa foi chrétienne pour accepter la possibilité seule de cette épreuve : elle lui semblait une trahison de son bonheur. Longtemps il essaya de tromper ses craintes, et, s'il était moyen, la maladie elle-même, par des voyages, par les soins les plus affectueux, par des recours pleins de confiance à des traitements pleins de promesses, par l'essai infatigable des remèdes les plus éprouvés, sans oublier les surnaturels. Le dénouement fatal se représentait d'année en année, de jour en jour, avec une vraisemblance croissante : en 1881, il était devenu une réalité prochaine, inévitable.

Mais c'était dans cette nouvelle épreuve, par laquelle il semblait que Dieu dût briser une seconde fois sa vie, qu'il allait en effet la rétablir dans son ordre véritable et complet. La pensée d'entrer au séminaire, si sa femme venait à mourir, ne naquit pas subitement et tout d'un coup dans l'esprit de M. Thiroux, comme l'idée de quitter le schisme pour l'Église catholique surgit, à côté d'un autre lit de mort, dans un autre noble cœur de ce temps. M. Thiroux n'avait jamais oublié le premier et déjà lointain appel de Dieu : il n'avait renoncé au séminaire que pour le mariage, et pour ce mariage-là ; mais il s'était toujours secrètement promis de rendre son cœur à Dieu, si celui

qui lui avait intercepté la vie du sanctuaire
venait à lui manquer jamais. Plusieurs fois
même, il s'était ouvert à sa femme de cette
arrière-pensée, sur un ton enjoué mais
sérieux, comme il convenait à des causeries
où la mort et le sacerdoce étaient en question. A mesure que les progrès de la maladie laissèrent le moins de place à l'espérance, cette pensée revint avec plus d'insistance et finit par s'imposer à son esprit. Il
la traita gravement et chrétiennement, à
son ordinaire. Un soir que la dernière illusion venait de lui être enlevée, il priait
dans son cabinet, devant une belle copie
du tableau du Poussin, connu sous le nom
de *Sacrement de l'Ordre*, et qui représente
la remise des clefs par Notre-Seigneur à
saint Pierre au milieu des apôtres réunis.
Il eut alors, a-t-il souvent raconté, un sentiment intime et profond de sa vocation.
Ce vide qui se faisait dans son cœur était
si grand qu'il appelait Dieu pour le remplir.
Dieu s'y trouva. M. Thiroux voyant l'affection sur laquelle il avait le plus compté

prête à lui échapper, répéta dans sa détresse le cri d'appel et d'abandon de l'Apôtre : « Maître, à qui irais-je aujourd'hui, sinon à vous, qui avez les paroles d'éternelle vie ? » Il put aussi, lui qui avait déjà, comme avocat, fait avec plus d'une âme l'apprentissage de la confession, se croire appelé à recevoir à son tour les clefs symboliques pour lier et délier des consciences. Quoi que Dieu lui ait dit en ce moment, quand M. Thiroux se releva, sa vocation était décidée. Toutefois, par une délicatesse touchante, il voulut obtenir l'agrément de sa femme, et alors commença, pour se prolonger toute la nuit, entre lui et la mourante, une scène admirable, au récit de laquelle il eût fallu la plume qui retraça la mort du comte de La Ferronnays.

M. Thiroux, avec la simplicité d'une affection pleine de confiance en autrui parce qu'elle se savait elle-même à l'abri du soupçon, exposait à sa femme le dessein désormais arrêté au fond de son cœur. Elle, au lieu d'y applaudir, comme elle l'avait fait jadis à de semblables ouvertures quand elle n'y voyait qu'une pieuse et inoffensive rêverie, maintenant qu'elle se trouvait en présence d'un projet sérieux, dont l'exécution n'allait devenir que trop et trop tôt pratique, elle employait ce qui lui restait de forces, ce qu'elle avait toujours eu de crédit auprès de son mari, pour l'en détourner. Elle craignait pour lui la recherche volontaire d'un nouveau sacrifice, après que Dieu lui en imposait un qui semblait pouvoir suffire à sa générosité ; elle pressentait l'épreuve qu'il y aurait pour un homme fait à recommencer sa vie sur de nouvelles assises, à reprendre à quarante ans l'idéal de sa vingtième année, à rompre avec ses habitudes au prix d'efforts d'autant plus douloureux qu'il n'en avait formé que de bienfaisantes et qu'il lui faudrait briser du même coup les fibres les plus nobles et les plus délicates de son cœur, à ne garder enfin du passé que son esprit d'abnégation et de labeur, en renonçant aux encouragements et aux compensations légitimes de la terre : elle entrevit tout cela en un instant, avec la lucidité que donnent parfois l'approche de la mort et, chez une âme dont l'affection est toujours vivante et paraissait nécessaire, le sentiment qu'elle va manquer. Elle poussait la générosité jusqu'à conseiller à son mari une autre union, de laquelle elle attendait pour lui plus de repos et de bonheur humain qu'il n'en trouverait dans l'austère vie du prêtre. Mais, dans cette résistance, il n'avait pas de peine à découvrir une délicate industrie de l'amour, au fond de laquelle se cachait une approbation. Il forçait doucement sa femme dans les objections qu'elle élevait l'une après l'autre pour le protéger contre lui-même, et finit par emporter d'elle une acceptation complète de leur double et commun sacrifice.

Quinze jours après, le 23 décembre 1881, Mme Thiroux faisait une mort empreinte d'une générosité et d'une simplicité toutes chrétiennes. Elle eut jusque dans son agonie, et plus clairement à mesure qu'elle approchait de l'éternité, le sentiment que, en quittant la terre, elle n'abandonnait pas son mari ; et lui-même a plusieurs fois dit depuis, qu'il n'avait jamais eu plus que devant ce lit de mort la conviction de l'immortalité. Ce fut plus qu'une conviction : ce fut, suivant ses propres termes, « une sensation de la seconde vie », non pas seulement de celle qui nous attend un jour, mais de celle qui dès aujourd'hui peut exister pour chacun de nous par le commerce familier avec les âmes qui ont commencé de vivre ailleurs. Dans son immense douleur, il reçut de ce sentiment des consolations extraordinaires : d'une part, il lui semblait que sa chère femme continuait de l'assister, et sa foi se joignant à sa tendresse lui rendait cette présence indubitable et comme tangible ; de l'autre, une nouvelle vie, celle qu'il avait jadis entrevue, se rouvrait spontanément à lui, et il s'y voyait introduire par celle même qui venait de le quitter : sa femme mourante, en rompant les liens qui les unissaient ici-bas, avait pris soin de les renouer de ses propres mains entre lui et l'Église. Aimer sa nouvelle vocation, c'était encore aimer sa femme jusque dans ses derniers désirs; c'était lui donner une marque souveraine d'estime, en déclarant que, après l'avoir perdue, il ne pouvait se donner qu'à Dieu. Dès lors la suite des desseins providentiels se découvrit à lui : il vit que le mariage lui avait été permis et ménagé comme la préparation inconsciente d'un état plus parfait encore que Dieu lui tenait en réserve ; et en même temps la vocation ecclésiastique lui apparut, non pas comme une indemnité ou une consolation honorable accordée à son malheur, comme une ressource que l'occasion lui offrait dans la perte de son bien capital, mais comme le but véritable et le sens caché de tout ce qui avait précédé; non pas comme une rupture avec le passé, comme une reconstruction d'une existence manquée, mais comme l'unité suprême et le couronnement divin de sa vie.

Il mûrit quatre mois sa résolution dans

la retraite et la prière. Il avait suspendu
à peu près complètement ses occupations
pour être tout entier à ses souvenirs et à
ses projets. Il trouva le temps cependant
de présenter au concours pour le prix Rossi
une étude *sur la légitimité et l'utilité des
restrictions mises par les lois françaises à
la liberté de disposer et de s'obliger,* qui
obtint une récompense de mille francs; il
en rapporta l'honneur à sa femme, qui
l'avait aidé dans le choix et le classement
des matériaux de ce travail, et en partagea
la somme entre l'œuvre des Écoles libres et
la Conférence de Saint-Vincent de Paul,
voulant que son dernier gain fût pour les
pauvres et pour les enfants. Puis il s'ouvrit
de ses projets à son directeur, et à quelques
personnes des plus capables de l'éclairer.
Un seul point l'arrêtait encore, la crainte
d'avoir à se séparer trop entièrement de sa
vieille et vénérable mère, frappée comme
lui dans ses plus chères affections, et de
laquelle il se trouvait rapproché plus que
jamais par la communauté de leur deuil et

de leur solitude. Il ne se reconnaissait pas le droit, à supposer qu'il en eût eu le courage, d'embrasser un genre de vie qui l'eût obligé à passer chaque année neuf mois de suite sans la voir. Il soumit cette difficulté à ceux qui avaient pouvoir pour la lever, et obtint la permission de sortir chaque semaine, pendant tout le temps que durerait son séjour à Saint-Sulpice, pour aller embrasser sa mère. Dès lors rien ne pouvait plus retarder l'exécution de ses projets. Il ne s'agissait plus, pour lui ni pour personne, de chercher la volonté de Dieu, elle était trop manifeste : ses directeurs n'eurent qu'à lui redire la parole de Notre-Seigneur à cet homme savant et riche en Israël qui le consultait sur la vie parfaite : « Si vous voulez, allez : *Si vis... vade...* » (Matt., XIX, 21.)

CHAPITRE V

LE SÉMINAIRE.

Le 3 octobre 1882, M. Thiroux entrait au séminaire de Paris. Les garanties exceptionnelles que présentait sa vocation et la maturité d'esprit et de caractère qu'il apportait, l'avaient fait dispenser des deux années de probation et d'initiation auxquelles sont soumis d'ordinaire les jeunes séminaristes à Issy, mais il ne voulut pas que cette faveur le privât de prendre connaissance de la philosophie scholastique, enseignée dans cette maison, et l'étude des *Prælectiones* classiques fut sa première soumission au règlement. Quoique les vocations tardives et extraordinaires ne causent plus guère d'étonnement à Saint-Sulpice, l'arrivée d'un nouveau confrère qu'on disait âgé de quarante-trois ans, avocat, docteur en droit, marié et veuf, ne laissa pas d'y être remarquée, et ce fut un des sujets d'entretien qui défrayèrent les premières récréations. On avait peine d'ailleurs à reconnaître le personnage ainsi signalé dans ce séminariste inconnu, à la vérité, mais parfaitement à l'aise dans son costume, aussi dégagé pour le moins qu'un *issien,* aussi obligeant pour les nouveaux arrivants qu'un vieil habitant de la maison. Il fallait que lui-même racontât, avec un enjouement qui n'excluait pas l'émotion, qu'il venait de laisser, tout à l'heure, dans sa petite chambre au second étage, les dépouilles du vieil homme, son chapeau, sa redingote et sa barbe.

Pour faire connaître quel fonds de vertu, quelle intégrité d'âme M. Thiroux apportait du monde au service de Dieu, il ne fallait pas moins que ces mots par lesquels, du seuil du séminaire jetant un regard sur son passé, il terminait un rapide mais complet examen de sa conscience :

« Malgré toutes ces fautes et bien d'autres
« qui m'échappent en ce moment, écrivait-
« il, je ne crois pourtant jamais avoir com-
« mis de péché mortel, car je ne me rappelle
« pas avoir manqué une seule fois à la loi
« de Dieu et de l'Église en matière grave
« et avec un parfait consentement. Toute-
« fois je n'émets cette idée que sous toutes
« réserves, Dieu pouvant me juger plus
« sévèrement que moi-même. » — C'est un homme de quarante-trois ans qui se rendait ce témoignage : on jugera sur ses propres données qu'il était plus près que bien d'autres moins avancés dans la vie, de remplir les rigoureuses conditions que le fondateur de Saint-Sulpice requérait des aspirants à la cléricature, quand il posait comme point de départ de leur formation cette maxime que « les saints ordres sup- posent un chrétien en sa perfection [1]. »

---

1. OLIER, Traité des saints Ordres, *init.*

« En tout cas, ajoutait M. Thiroux, j'ai
« toujours conservé l'amour de Dieu par-
« dessus tout et j'ai toujours été prêt à lui
« sacrifier tout. Aussi ai-je pu le faire quand
« il m'a demandé ma femme. » Il allait le
recommencer maintenant que Dieu lui
demandait le sacrifice de lui-même, qui lui
semblait peu de chose, après l'autre. Sans
reproche dans le passé, il envisageait l'ave-
venir sans défaillance. Comment il com-
prenait cette vie nouvelle, comment il entendait répondre au don de Dieu par le don
de soi, la Providence a permis qu'il le dît
pour nous en se le disant à lui-même, au
lendemain de son entrée à Saint-Sulpice,
dans ce cahier de retraite qu'il croyait ne
devoir être lu que de Dieu :

« *Abnega teipsum et sequere me.*

« La vie du prêtre, m'a dit mon directeur
quand je lui ai pour la première fois parlé
de mon intention d'entrer au séminaire, est
avant tout une vie d'abnégation. C'est ainsi
que je la comprends : « *Abnega teipsum.* »

« *Et sequere me…* » c'est-à-dire marche sur mes traces et va où ma grâce te conduira, fût-ce à la souffrance, fût-ce à la mort!

« Mais où trouver la force nécessaire? Dans l'amour. « *Qui amat me, sequitur me.* » Animée par l'amour, la volonté est invincible. Amour de Dieu, amour du prochain, amour de l'Église qui n'est que la réunion et la résultante des deux premiers.

« Je n'ai pu mener à bonne fin les entreprises temporelles que j'ai tentées. J'avais espéré le bonheur de l'amour chrétien, l'honneur et les joies de la paternité, la considération et les profits d'une position noble et indépendante. Dieu m'a refusé les deux derniers de ces biens, ou ne m'en a laissé goûter que les prémices. Il m'a donné le premier, qui a suffi à me faire connaître tout le bonheur humain. Puis il me l'a retiré : que son saint nom soit béni! Le bonheur qu'il m'a donné a été assez grand pour combler mes désirs en ce monde. Maintenant je ne puis ni ne veux plus rien y désirer; rien, que d'y faire du bien; rien, que d'exalter le nom de Celui qui m'a prévenu de tant de grâces, et qui ne m'a frappé si durement que pour m'attacher exclusivement à lui et se donner exclusivement à moi.

« J'entends garder mes souvenirs : l'amour de Dieu a toujours régné en souverain dans mon âme, et s'il n'a pas toujours été le plus senti, il a toujours été le plus fort. Maintenant, sevré de tout amour humain, je veux que mes souvenirs épurés me servent de levier pour m'élever à l'amour divin qui doit seul désormais régner dans mon cœur. Par là j'assurerai l'*unité de ma vie,* idée qui m'a préoccupé dès mon adolescence, et que, au premier abord, les événements semblent me rendre impraticable. Pour moi, je vois dans toute vie l'unité du dessein de Dieu : il m'a appelé dans ma jeunesse, mais je n'étais pas encore digne de son appel : je désirais trop les joies de la terre. Comme un père complaisant, il me les a données un moment; puis, quand il m'a vu fortifié par

les épreuves de la vie, il me les a retirées
et m'a fait un nouvel appel : quelle ingratitude si je n'y avais pas répondu sans réserve! Aujourd'hui, sous l'impulsion du
malheur, j'ai franchi l'obstacle qui me sépa-
rait de la vie surnaturelle pure. Je ne suis
plus du monde, et je retourne à mon Père.

« Jusqu'ici j'ai pu être l'homme du devoir;
maintenant je dois être l'homme du dévouement.

« Ma vie n'a pas été une vie ordinaire.
Presque toujours l'occasion des grandes
grâces ne se retrouve pas. Notre-Seigneur
a appelé une seule fois ses disciples, et ils
ont aussitôt tout quitté : il n'est pas dit que
le Sauveur soit revenu chercher aucun de
ceux qui l'avaient une première fois refusé.

« *Pour moi, Jésus est revenu sur ses pas.*

« Si après cela je ne deviens pas un *apôtre*,
un *saint*, je suis indigne de cette double
vocation. »

Ces grandes pensées venaient de son cœur
bien plus que de sa tête; aussi se tournaient-
elles d'elles-mêmes à la pratique. Profitant

de la lumière et de la force par lesquelles la grâce encourageait ses débuts, et suivant avec une docilité déjà consommée un conseil qu'il avait entendu donner par la bouche la plus autorisée du séminaire, il traçait, avec autant de largeur que de précision, son règlement particulier de séminariste.

« Règlement ou moyen d'atteindre mon but.

« Je prendrai les moyens les plus simples, — toujours, — et surtout dans les commencements.

« Le premier de tous, ou plutôt l'unique, ce sera l'observation de la règle du séminaire.

« Mais ici je n'entends pas répéter une formule qui menace d'être inutile à force d'être banale. Non! j'entends m'imposer toujours, sans trêve, sans exception, sans discussion, sans réserve, tout le règlement et chacune de ses parties.... D'abord ce règlement, autant que je puis le connaître actuellement, je l'aime, et je n'aurai pas vraiment grand mérite à l'observer, tant je

le trouve sage, commode, pratique et appro-
prié à mes besoins. Il est dur et inflexible,
tant mieux ! il me relève et m'assouplit.

« Mon Dieu, donnez-moi la force phy-
sique nécessaire pour l'observer toujours !
Quant à la force morale, je l'attends de ma
volonté aidée de votre grâce, qui, deman-
dée avec ferveur et humilité, ne manque à
personne et qui m'a toujours comblé.

« Si jamais, ce qui est, non pas probable,
mais certain, j'éprouvais à quelques mo-
ments de la difficulté là où jusqu'ici je n'ai
trouvé que suavité et douceur, je me rap-
pellerais mon expérience de ces premiers
jours ; et sans avoir besoin d'invoquer votre
parole, j'évoquerais mes souvenirs : je l'ai
senti, je le sens encore : votre joug est
aimable, je le garderai toujours sur mes
épaules quel que soit son poids à certaines
heures qui passent.

« Je me borne à cette résolution, con-
vaincu que là est la loi et les prophètes pour
un séminariste, et la source de toutes les
vertus naturelles et surnaturelles.

« Heureux état où l'on n'a qu'à se laisser guider par une cloche pour arriver sûrement au but, et quel but ! »

Cette résolution, qu'il jugeait être l'*unum necessarium* du séminariste, il ne laissait pas d'en faire des applications particulières aux diverses obligations et relations qu'allait lui imposer cette vie. Citer ses paroles, ce sera tracer son meilleur portrait : lui-même, en décrivant d'une main ferme le séminariste qu'il voulait être, a peint par avance celui qu'il a été.

Les exercices de piété prescrits par le règlement ne pouvaient le préoccuper : ils lui étaient tous dès longtemps familiers, et il y trouvait trop de plaisir pour s'y reconnaître grand mérite... Ses études semblaient devoir lui demander plus d'efforts, par la haute idée qu'il se faisait des sciences ecclésiastiques et par la trop basse opinion qu'il avait de lui-même :

« Je ne sais pas encore exactement, écrivait-il, quelle sera leur nature et leur étendue. Mais dès maintenant je puis dire que

j'y appliquerai tout mon temps libre. J'y
mettrai toutes les forces de mon intelligence, et je me laisserai entièrement guider
par mes professeurs. Reprenant à mon âge
le rôle d'écolier, je m'efforcerai de prendre
les sentiments d'humilité qui lui convien-
nent; j'oublierai que j'ai plaidé et professé,
et je ne montrerai ce que je pourrai connaître d'ailleurs que si mes supérieurs me le
demandent. Si, au milieu d'esprits plus
souples et doués d'une mémoire plus fidèle,
j'ai à subir quelque humiliation par suite
de mon infériorité et de mon inexpérience,
je tâcherai d'offrir à Dieu ce petit froisse-
ment d'amour-propre, si je ne puis réussir
à en prévenir les atteintes par une humilité
habituelle. »

Mais ces difficultés s'évanouissaient bien
vite à ses yeux devant la splendeur du but
poursuivi, et à la pensée de la simplicité et
de l'unité qu'allait introduire dans sa vie
l'application, à un objet identique, de son
intelligence comme de son cœur : « Quel
bonheur pour moi désormais, s'écriait-il,

de pouvoir m'occuper de Dieu et de Dieu seul, même dans mes études! »

Puis, sortant de lui-même, il réglait ses rapports divers, et d'abord ceux qu'il aurait avec ses supérieurs. Ce point ne l'embarrassait guère, comme tous ceux où son devoir était secondé par son inclination, et, par un sentiment qui ne surprendra aucun ancien *enfant* de Saint-Sulpice, parlant du plaisir toujours bienfaisant qu'il trouvait à converser avec eux : « Je voudrais, dit-il, le faire sans cesse : mais je saurai respecter leur temps qui est dû à tous. Ce n'est que de Notre-Seigneur dont on ne peut abuser, parce qu'il est infini. »

Vis-à-vis de ses nouveaux confrères, il se propose — ces mots gagnent tout à être entendus de la bouche de cet homme vénérable, — « pour tous également, respect et charité, se manifestant par des égards et des prévenances. » « Je me sens pour tous mes frères en Dieu un sincère amour et ne désire que le leur prouver par mes services : je souhaite que mon âge ne les éloigne pas de moi, et je ferai tout mon possible pour les attirer à moi et ne pas les intimider. D'ailleurs je suis jeune de caractère et j'aime la jeunesse. On m'a dit quelquefois que mon abord était sévère : je ferai en sorte qu'il soit et paraisse même prévenant. »

Est-ce saint Paul, s'ingéniant à se faire tout à tous, et à plaire à ses chers Galates, qui parle ainsi ? ou plutôt n'est-ce pas un autre disciple du même Maître ? — Les emprunts faits dans ces pages aux papiers de M. Thiroux se passent de commentaires, ils portent avec eux leur louange : mais ces lignes allaient trop directement au cœur de ses anciens confrères pour qu'il ne fût pas permis, à celui qui les transcrit comme à ceux qui les liront, de lui en adresser un remerciement au passage.

Si, en suivant phrase par phrase ce règlement que M. Thiroux se traçait à son entrée au séminaire, on en pouvait rapprocher jour par jour, et jusqu'au dernier jour, la vie qu'il y mena, on jugerait sans doute qu'il ne déchut, pendant ces deux années, ni de son constant idéal ni de la ferveur de ses commencements.

Il fut avant tout, à Saint-Sulpice comme ailleurs, l'homme du devoir ; il y apporta, vis-à-vis de tous les représentants et de toutes les formes de l'autorité, cette facilité de respect et d'obéissance qui, par une réciproque souvent vérifiée d'une parole de l'*Imitation*, est ordinaire aux personnes que leur position a le plus accoutumées à se voir respectées et obéies. Il était homme de règle par caractère, et l'on pourrait dire par tempérament : « J'ai toujours placé le devoir avant tout », écrivait-il. « Prendre les moyens les plus simples », c'est-à-dire les plus conformes au vrai et au bien, était la règle qui convenait à sa nature éminemment franche et droite. Mais au Séminaire, des motifs spéciaux lui faisaient une loi de cette régularité qui était déjà pour lui une habitude et presque un instinct : il écrivait un peu plus tard, à la veille d'être acolyte : « *Lumen Christi!* Il faut que je porte partout avec moi l'édification de l'exemple. Les circonstances exceptionnelles qui m'auront fait entrer dans les Ordres attireront sur moi l'attention de tous, du clergé et du monde : à tous je devrai la prédication de l'exemple : il ne m'est pas permis d'être médiocre dans la vertu : Si Dieu m'a mis sur le chandelier, c'est pour que je brille : *Lumen Christi !* » Pour s'excuser en quelque sorte, au moins à ses propres yeux, du caractère forcément exceptionnel que sa position présentait à certains égards, il voulut prendre au Séminaire tout ce qu'il put, jusqu'aux services plus humbles ou plus pénibles dont son âge et sa situation paraissaient devoir l'exempter et que ses confrères eussent été heureux, certes, de lui épargner. Ainsi il voulut servir à son tour au réfectoire : Notre-Seigneur l'avait bien fait à la Cène ! Il aimait, à son exemple, à quitter ses vêtements pour se ceindre d'un tablier, puis à circuler autour des tables, grave et empressé, toujours le premier à sourire quand son adresse n'égalait pas sa bonne volonté. On ne le voyait guère man-

quer à la règle que sur un point : celui qui
défend aux séminaristes de courir dans
la maison, sur l'autorité du concile de
Trente : logé fort loin de la salle des cours,
et mal servi par sa petite taille, exposé à
compromettre la modestie pour sauver
l'exactitude, il se hâtait dans les corridors,
dans les escaliers, avec un mélange de célé-
rité et de retenue tout édifiant. On le vit
quelquefois, après la prière du soir, prendre
rang parmi les séminaristes qui vont s'accu-
ser spontanément des petites infractions à
la règle commises pendant la journée, et le
seul forfait dont on peut supposer qu'il
apportât l'aveu à la coulpe, est qu'il avait
couru ce jour-là.

Ses études faisaient partie de son règlement, c'était pour lui une raison suffisante
de les aimer. Il y retrouvait d'ailleurs, mais
traités selon une autre méthode et avec
de nouvelles données, ces mêmes problèmes
qui avaient si fortement préoccupé sa jeunesse et vers lesquels, armé d'une raison
plus sûre et d'une foi plus sereine, il s'était

retourné à toutes les époques de sa vie. La
ecture et la réflexion lui avaient fourni,
aussi complète que possible, cette science
religieuse des gens du monde, qui, à vrai
dire, se compose surtout de questions. Il ne
tarda pas à comprendre qu'une telle science,
si méritoire qu'elle fût, ne ressemblait que
bien peu, et ne l'avait préparé que de bien
loin, à la théologie proprement dite. Il n'é-
tait plus, en fait d'études, à l'âge où la nou-
veauté charme : il en était plutôt à celui où
l'inconnu fait peur. Sans compter la méthode, la langue théologique, aussi dif-
rente du latin juridique que du latin
classique, lui causa un véritable effroi.
Cependant il en devint vite assez maître
pour parvenir, dès le premier examen, à
une note élevée, où il se maintint jusqu'au
dernier : par cette simplicité de l'enfance
chrétienne à laquelle la grâce l'avait ramené,
il était aussi soucieux d'une note d'examen
qu'il l'avait été, collégien ou étudiant, au
succès dans un concours, avec d'autant
moins de scrupule qu'elle était tenue secrète

pour ses confrères, et ne lui rendait témoignage que devant Dieu. D'autre part, se voyant engagé, non plus dans une vie d'études individuelles et isolées, mais dans une vie de communauté, où la science de chacun s'accroît de celle de tous, et où les efforts doivent être combinés plutôt que parallèles, il comprit qu'il ne pouvait point, par une humilité mal entendue, annihiler des ressources ou des connaissances dont ses confrères tireraient profit, et que la charité lui commandait de se souvenir de sa science et de son talent. Aussi ne négligeait-il pas d'intervenir, pour apporter ou provoquer un éclaircissement, dans ces discussions que les professeurs savent ouvrir parmi leurs élèves. Dans les matières du cours de morale, où la question théologique cotoie souvent la question juridique et parfois se confond avec elle, il ne faisait jamais difficulté de confirmer ou de compléter par son expérience l'enseignement de ses maîtres, et ceux-ci aimaient en ces occasions à rendre momentanément le rôle de professeur à celui qui avait repris avec tant de simplicité celui d'écolier.

Dans ses rapports avec ses confrères, il ne fut pas moins fidèle à son programme. Certes, personne à Saint-Sulpice ne se serait douté qu'il fût *sévère d'aspect,* et qu'il eût besoin de se surveiller sur ce point : il avait le rire aussi franc que les larmes, et il suffisait qu'il parût dans un groupe de promeneurs, avec sa figure et sa parole également pleines de feu, pour que les visages et les entretiens en fussent ranimés. On le croit plus aisément quand il dit qu'il était jeune et qu'il aimait la jeunesse. Sans rien perdre de ces respectueux égards qu'il pratiquait trop bien vis-à-vis des autres pour ne pas les obtenir, il avait su mettre tout le monde à l'aise avec lui, se faire de tous, je dirais le camarade, si la langue chrétienne ne possédait ce nom de *confrère,* intermédiaire entre ceux de camarade et d'ami, terme propre de ces rapports formés d'intimité et de mutuelle déférence, et qu'il avait lui-même appris au Palais avant de le re-

trouver au séminaire avec une plénitude de sens et une douceur nouvelles. Ses égards pour les autres le portaient à se défendre lui-même de ceux que lui témoignaient naturellement les jeunes gens de son entourage : « *Monsieur!...* » écrivait-il à l'un d'eux, qui s'était servi de ce nom dans une lettre : « Suis-je donc si *Monsieur* que cela ?
« Je croyais, en entrant au séminaire, avoir
« laissé derrière moi mon ancien bagage,
« voire même mes quarante-trois ans, et
« arriver tout petit enfant, le plus jeune,
« puisque j'étais des derniers venus, et le
« plus novice de tous. Vous m'ôtez mon
« illusion et me portez un coup funeste. Je
« vous assure que ce *Monsieur* m'afflige, il
« me prouve que je n'ai pas obtenu ce que
« je désirais par-dessus tout : faire oublier
« mon passé, mon âge, et me placer à mon
« rang parmi vous, pas le dernier, pas le
« premier, pas trop haut, pas trop bas, sur
« ce terrain commun où l'on trouve son
« semblable sans effort en tout cœur simple
« et bien disposé. » A la faveur de cette

simplicité toute cordiale, il pratiquait la charité la plus chrétienne et parfois la plus réfléchie, mais si adroitement, qu'elle paraissait en lui comme naturelle, et épargnait à tous cette gêne inavouée qu'éprouvent les natures un peu fières à se sentir aimées purement par principe et par vertu. Il avait voulu payer au Séminaire la pension d'un de ses confrères, mais à la condition expresse de ne jamais le connaître et de n'en être jamais connu, en sorte que le bienfaiteur et l'obligé ont passé deux années ensemble sans se deviner. Mais en mainte occasion, sa charité, sans être moins délicate, était moins mystérieuse. Les catéchistes enrhumés ont plus d'une fois reçu, à la veille d'une instruction, une bonbonnière bien garnie, et les bien portants n'avaient rien à envier aux malades. On a retrouvé dans ses papiers une longue liste de volumes prêtés, complaisance bien rare chez un amateur de livres. Il n'était pas homme à oublier de souhaiter à un ami une fête, un anniversaire ; d'offrir, au sortir du réfectoire, à un *prédicateur* heureux ou déconfit, un compliment ou une consolation. Ses confrères l'avaient prié de faire partie de la petite conférence des œuvres dans laquelle ils s'occupent entre eux de questions ouvrières : pénétrant leur arrière-pensée, il avait accepté, à la condition d'y payer de sa personne, c'est-à-dire de sa parole. Mais si sa charité se trahissait dans ses rapports quotidiens par mille traits délicats, elle savait mieux encore se cacher : et plusieurs, en lisant ces lignes, jugeront tout bas que sur ce point elles n'ont pas tout dit.

En somme, pour faire son portrait et son éloge, avec la sobriété du style sulpicien et la précision qu'il aimait lui-même, en deux mots qui semblent faibles et qui sont ici singulièrement expressifs, M. Thiroux fut, au séminaire, un *bon séminariste*. Il se montra tel, dès le premier jour, par sa docilité à la règle, par la franchise et l'aménité de ses rapports, jusque par cette aisance à porter la soutane et la barrette qu'il devait à son habitude de la robe et de la toque.

Cette transformation de l'homme du monde
en séminariste s'opéra si vite et si naturellement chez M. Thiroux, qu'elle dissimula
l'effort, mais sans le supprimer : ses amis
plus intimes en constataient parfois le progrès, dans ses manières, dans ses jugements,
dans son langage. Pour n'en citer qu'un
trait, il lui arrivait, dans les premiers temps,
de dire avec une réserve un peu trop laïque,
en parlant de Marie : « *la Vierge* » : bientôt il sentit qu'il était plus chrétien, et
même plus court, de dire « la sainte
Vierge », et il ne faut pas aller loin dans ses
notes de retraite pour y trouver, à l'adresse
de sa Mère céleste, les expressions toutes
filiales et presque enfantines de sa tendresse. Ainsi, comme en tel de ses confrères
l'ancien officier s'oubliait lui-même sans
réussir à se faire oublier, lui s'appliquait,
non pas à détruire en soi cette physionomie
d'avocat et d'homme du monde qu'on eût
trop regrettée, mais à n'en laisser subsister
que ce qui pouvait donner à sa physionomie ecclésiastique un trait particulier et une

harmonie de plus. On reconnaissait en lui le bon séminariste, comme le bon soldat se reconnaît, à son amour de son état, de son corps, de son poste, de son entourage, de son service : la discipline qu'il portait si vaillamment le portant à son tour, ses sacrifices lui furent payés comptant, et le séminaire lui rendit en paix et en joie ce qu'il en recevait en bonne volonté et en bons exemples : « Tous les exercices, écrivait-il, « toutes les études m'en plaisent : rien ne « m'y est pénible, si ce n'est parfois l'im- « possibilité où je suis d'y travailler d'une « façon suivie et approfondie : encore en « ai-je pris mon parti... » Il n'y avait, disait un directeur exercé, qu'à le voir chanter au chœur, pour deviner un homme heureux, c'est-à-dire dans sa vocation... Ses confrères aussi bien virent en lui ce qu'il voulait être et ce qu'il était avant tout, non pas un maître, mais simplement un modèle, non pas un hôte parmi eux, mais un séminariste comme eux, du moins comme eux tous auraient souhaité d'être, et ils rendaient un hommage inconscient à cette simplicité qui était le trait propre de sa vertu, en l'appelant communément, non pas de ce nom de *Monsieur* qui semble cérémonieux entre confrères et qu'il trouvait injurieux entre amis, mais de ce nom plus familier sans être moins chrétien dont il aimait à s'entendre nommer : le *père Thiroux*.

CHAPITRE VI

Le désir d'employer le mieux possible les
restes d'une vie noblement et fructueuse-
ment commencée, et de se préparer au ciei
une félicité proportionnée au bonheur qu'il
avait goûté sur la terre, n'était pas le seul
motif qui eût amené M. Thiroux au séminaire. Il savait que dans la définition du
prêtre, avec l'homme qui offre le sacrifice
et Dieu qui l'accepte, il entre un troisième
terme, les âmes qui en doivent profiter :
« pontifex... *pro hominibus* constituitur in
iis quæ sunt ad Deum [1]... » Pendant sa

1. HEBR., v, 1.

retraite de tonsure à la fin de sa première année, il écrivait, heureux d'avoir
mis officiellement le pied dans le domaine
de l'Église et de se sentir dans sa voie :
« Puisse Dieu m'y conduire, m'y conduire
jusqu'au bout ! et puissé-je, en sortant de
cette terre, avoir à présenter à Dieu... une
nombreuse légion d'âmes que la grâce de
Notre-Seigneur aura sauvées par mon ministère, et qui, avec moi, le loueront dans
l'éternité ! » Dieu, qui savait qu'il n'arri-
verait pas *jusqu'au bout,* je ne dis pas de sa
vocation, mais de l'initiation sacerdotale,
et ne verrait pas s'accomplir en sa personne
toutes les promesses de l'élection d'en-haut,
voulut lui en donner comme un dédom-
magement anticipé : M. Thiroux ne devait
pas être prêtre, il lui fournit du moins le
moyen d'être apôtre, en le faisant entrer,
dès le sixième mois de sa première année,
dans les catéchismes de Saint-Sulpice.

Son âge et son caractère, son autorité
naturelle et son expérience acquise, le firent
juger apte à rendre des services particuliers

dans une des divisions du catéchisme de persévérance des filles, à la chapelle des Allemands, où près de trois cents jeunes ouvrières, après une semaine de travail, viennent, avec un mérite peu commun, offrir à Dieu leurs après-midis de dimanches, et n'hésitent pas à consacrer à leur instruction et à leur formation chrétienne ces heures de repos et de liberté. M. Thiroux se réjouit d'être appelé à cette œuvre : il y pressentait une « école de prédication très utile à son intelligence et à ses débuts dans le ministère, » mais bien plus encore une « école de zèle chrétien précieuse à son âme. »

Quelques mois parurent suffisants pour préparer à la direction de ce catéchisme un homme qui avait déjà conduit d'autres entreprises, porté d'autres responsabilités, et fait ailleurs l'apprentissage du ministère évangélique : à la rentrée suivante, M. Thiroux fut nommé chef.

« Avec ma qualité de chef, écrivait-il [1],

1. Retraite d'octobre 1882.

apparaît pour moi un commencement de
ministère : je vais pour la première fois
toucher des âmes et travailler directement
à l'œuvre de Dieu. J'en sens au cœur une
joie profonde. J'ai beaucoup souffert dans
le monde de ne pouvoir développer assez
l'activité dont je me sentais capable : les
événements à chaque pas mettaient des
barrières infranchissables à mon ardeur.
Aujourd'hui, quel champ s'ouvre devant
moi ! » — Mais ce qui l'emporte de beaucoup
sur la joie, c'est le sentiment de la responsabilité, et, le dirai-je ? c'est la peur. —
« Suffirai-je à la tâche ? ai-je assez de vertu ?
ai-je assez de talent ? En me posant ces
questions, je sens un frisson qui me passe
dans tout le corps et un froid glacial qui
me saisit l'âme. O mon Dieu ! resterai-je
donc paralysé au bord de votre vigne, moi
l'ouvrier de la dernière heure, que vous
avez appelé si tard, mais enfin que vous
avez appelé ? Ce n'est pas moi qui me suis
appelé ; ce n'est pas *mon* œuvre que je
veux faire. Ma personne, ma réputation,

le succès, les louanges, je les méprise, je les foule aux pieds... ils ne m'appartiennent plus... je vous les ai donnés ! — Mais *votre* œuvre, il faut pourtant que j'y travaille. Et c'est vous, vous seul qui avez déterminé et le lieu et l'heure du début.

« Puisqu'il en est ainsi, je puis, je dois avoir confiance ; et, sur votre foi, je mets la main à la charrue sans regarder en arrière... O mon Dieu ! j'ose vous prendre à témoin de l'humilité profonde avec laquelle je commence votre œuvre : il n'en faut pas moins pour me donner du cœur ! Vous voyez mon effroi, vous voyez mes larmes... donnez-moi la confiance de celui qui peut tout en vous. »

Dieu montra qu'il agréait cette humilité en la mettant à une dure épreuve. M. Thiroux avait prévu, en entrant au séminaire, que les principales difficultés, dans ses nouvelles études, lui viendraient de sa mémoire, qui avait perdu, par l'âge, le manque d'exercice et l'habitude de l'improvisation, cette souplesse et cette sûreté que suppose et développe, chez les jeunes gens, la discipline du collège. Au catéchisme, il se heurta plus violemment à cet écueil : son extrême sensibilité, sa naturelle défiance de lui-même, l'exagérèrent encore à ses yeux. Lui dont la parole, dans la conversation comme dans la chaire du professeur ou à la barre, était si nette, si abondante, le geste si ample et si aisé, il se trouva, au catéchisme, rendu muet par la nécessité de parler sans notes, paralysé par ce qu'il avait le courage d'appeler la *peur*. Un dimanche, à une messe de communion du mois, il dut faire ses débuts à la chapelle des Allemands par une *méditation*. L'auditoire était nombreux, mais trop bien disposé pour paraître intimidant : il s'agissait de lui suggérer de mémoire, à demi-voix, du haut de la chaire, quelques affections pieuses et quelques résolutions pratiques. M. Thiroux parlait depuis quelques minutes, quand tout à coup on le vit s'embarrasser, balbutier, revenir sur ses mots, enfin s'arrêter... Les auditeurs eurent quelques minutes de cet inexprimable malaise, parfois très égoïste et mêlé de mécontentement, que donne le sentiment de l'embarras d'autrui ; mais cette angoisse se changea soudain en une attention profondément sympathique et respectueuse quand le catéchiste reprit : « Mon Dieu, j'avais bien souvent porté la parole, mais jamais votre parole : c'est le poids de cette tâche nouvelle qui m'a fait fléchir... Mon Dieu, daignez prendre cette humiliation pour la fécondité de mon ministère à venir et pour le bien de ces âmes qui en reçoivent les prémices. » Par cette admirable inspiration de l'humilité, l'auditoire se trouvait non seulement rallié pour quelques instants, mais conquis pour toujours, et ces persévérantes, bons juges en matière de générosité, savaient de quelle confiance et de quelle soumission était digne l'homme capable de faire de son amour-propre, à la gloire de Dieu et au bien de leurs âmes, une aussi coûteuse et aussi publique immolation.

Cette épreuve, si elle fut décisive pour assurer à M. Thiroux tous les esprits et tous les cœurs, ne parut pas suffire à le délivrer de ses propres craintes. Quand il se trouva chef, il eut à affronter des occasions plus fréquentes de confusion publique et à subir des angoisses intérieures presque continues. Un peu plus tard, il vit la même lutte s'offrir à lui dans une circonstance où il la trouva plus acceptable sans qu'elle lui coûtât moins, parce qu'il y voyait l'intérêt des âmes moins directement engagé et son amour-propre seul compromis. Ce fut quand il dut donner à son tour, suivant la règle de Saint-Sulpice, un sermon au réfectoire, en présence de ses directeurs et de ses confrères réunis pour le dîner. Si un tel auditoire est capable, en certains cas, d'enhardir un débutant en lui assurant le bénéfice d'une attention au moins partagée, on conçoit qu'il était bien fait pour déconcerter un homme accoutumé à parler à des visages et à trouver son autorité et sa puissance dans l'attention et la physionomie des écoutants. Ses appréhensions furent si vives, que l'événement leur donna raison et porta à l'état le plus aigu cette timidité maladive. Ce n'était plus seulement cette souffrance que M. Thiroux avait jadis connue dans le monde, cette impatience de se dépenser, cette protestation de l'activité intérieure contre les entraves apportées à son exercice par les circonstances et les nécessités de position : c'était le sentiment d'une impuissance infiniment plus douloureuse, parce que la cause en était plus intime et plus personnelle. La difficulté d'acquérir un moule oratoire nouveau, plus grande pour un esprit qui avait été maître dans une autre forme de la pensée et de la parole, pouvait passer pour une explication suffisante de cette épreuve. Mais l'humilité de M. Thiroux lui en faisait chercher le principe là où il lui semblait le plus facile de porter le remède, parcequ'il n'était besoin que de générosité, « dans l'incurable orgueil qui fait le fond de la nature humaine. Aussi, concluait-il, je porte tous mes efforts de ce côté pour tâcher de déraciner ce sentiment si vif... Je le désavoue ; j'accepte d'avance, en esprit de mortification et de pénitence, la perspective d'un insuccès complet, connu de tous, et profondément senti de moi : je m'y résigne, je le déguste avec la joie âpre du sacrifice. » Mais d'autre part, croyant voir l'œuvre de Dieu péricliter entre ses mains, il se sentait près de perdre de nouveau courage et d'abandonner une action qu'il désirait par-dessus tout, non pour lui-même, mais pour les âmes et pour Dieu. Sous l'empire de cette excessive défiance, il alla un jour trouver son directeur, lui exposa ses alarmes, et se déclara prêt à quitter les fonctions de chef et de catéchiste, à reconnaître ainsi aux yeux de ses confrères et de ses enfants qu'on avait trop présumé de lui, à moins qu'une parole de celui qu'il écoutait comme le représentant de Dieu ne l'autorisât expressément à continuer. Cette parole ne lui manqua pas, et désormais, sûr d'être dans sa voie là même où il n'apercevait pas d'issue, il ne chercha plus d'autre moyen de sortir de cette impasse qu'une humble, qu'une fervente, qu'une persévérante prière animée d'une filiale confiance en la bonté de Dieu. « Si Dieu veut de mon action, se disait-il, il saura bien la rendre efficace. » Il ne se trompait pas : Dieu voulait de son action; mais parce qu'elle devait être courte, il se hâtait de la rendre féconde.

Il convenait de retracer cette épreuve douloureuse et « savoureuse », ainsi qu'il l'appelait, qui fut, au fond, la seule que M. Thiroux connût au séminaire : ceux qui l'ont ignorée verront quelles luttes et quelles angoisses se cachèrent sous ces dehors toujours enjoués, quel besoin de confiance et de courage éprouva souvent celui qui savait si bien inspirer aux autres ces sentiments, et qui semblait plus que personne en droit de les partager ; ceux qui ont été les témoins et les confidents de cette grande souffrance, seront portés à y reconnaître, après la mort qui l'a suivie, la miséricorde de Dieu prévenant elle-même sa justice et prenant plaisir à épurer une âme qu'il devait bientôt rappeler.

Aussi bien dès ici-bas cette épreuve si chré-

tiennement acceptée porta ces fruits qui sont
d'ordinaire la récompense même naturelle
de la patience et de l'effort. Au bout de quelques mois M. Thiroux était devenu maître
de lui-même comme de son catéchisme. Les
âmes ne savent jamais ce qu'elles coûtent,
et ne coûtent jamais ce qu'elles valent :
celles-là pourtant purent deviner, avec leur
pénétration naturelle, que leur chef, en
entrant au séminaire, n'en avait pas été
quitte avec le renoncement et l'abnégation,
et que, pour se donner à elles, il avait ren-
contré dans sa propre nature des entraves
plus pénibles à rompre que toutes les at-
taches du monde : elles lui reconnaissaient
d'abord l'autorité du sacrifice accompli, et
accompli pour elles, devant elles. Il dut
encore aux épreuves de ces débuts, outre
cette autorité extérieure, les joies intimes
de la paternité spirituelle qui ne s'acquièrent
qu'à ce prix, et par lesquelles Dieu le con-
sola d'avoir été privé des joies de l'autre :
ces mots « mes enfants, mes chères enfants, »
n'étaient pas dans sa bouche un langage de

convention, ils y prenaient quelque chose de profondément senti, presque attendri, comme s'ils eussent répondu à une affection demeurée longtemps sans objet. Sa parole avait retrouvé ses qualités distinctives, la clarté, la précision, l'aisance : ses avis étaient des plaidoiries nettes et fermes, toujours chrétiennes. Il les relevait par des emprunts continuels faits à son expérience ou à sa mémoire, inépuisable quand il contait au lieu de prêcher. Quelquefois ses souvenirs du Palais le dominaient, et dans une saillie de verve qui lui rappelait son meilleur temps, il lui arriva de laisser échapper, devant son auditoire de persévérantes, un « messieurs » dont les murs de la chapelle furent étonnés. Il était bien près d'avoir pris possession définitive de la forme vraie et aisément efficace de la parole chrétienne : c'était bien là le *sermo* des Pères, c'est-à-dire, non pas le sermon, mais la conversation, la causerie, toujours élevée mais toujours pratique, souple comme sait l'être la parole d'un père pour

se proportionner aux moyens et aux besoins
de chacun de ses enfants, assez sérieux
pour ne pas craindre de se montrer enjouée,
à la fois divine et humaine, comme l'Évan-
gile qu'elle commente. A la fin de sa seconde année, lui-même put se rendre
compte, pour en rendre grâces à Dieu, de
l'efficacité désormais attachée à sa parole,
et, dans un examen plein de cette humilité
qu'il aimait à définir avec sainte Thérèse
« la vérité », il écrivait : « Ce succès m'est
d'autant plus précieux que je le crois réel
et solide, sans avoir rien de brillant et dont
je puisse personnellement être fier... Je
remercie Dieu de tout mon cœur de ce
résultat; c'est le seul que j'ambitionnais... »

Avec ses ressources d'avocat, M. Thiroux
apporta au catéchisme son talent d'adminis-
trateur, on pourrait dire son expérience de
maître de maison : jamais *chef* ne justifia
mieux ce nom. Ces qualités purent être
particulièrement appréciées en deux circonstances : dans la direction de l'Association,
qui réunit l'élite du catéchisme de persévé-

rance et à laquelle il sut donner une prospérité qu'elle n'avait jamais connue; et pendant la retraite des catéchismes réunis, qu'il eut à diriger au mois de mai 1884. Tout était réglé par lui avec une prévoyance rigoureuse : mais ce soin minutieux de l'ensemble et des détails, cette surveillance active des rouages administratifs, qui dans toute œuvre faite en commun peut donner lieu à des complications et à des froissements, étaient adoucis par une urbanité persuasive et par la docilité dont le chef si autorisé donnait le premier l'exemple. Il se montra toujours d'autant plus empressé à prendre les avis de ses directeurs, et même de ses confrères, qu'il semblait par son âge, son talent et son expérience, plus capable de s'en passer. Il demandait des conseils aussi volontiers qu'il en donnait, et c'est tout dire. Deux sentiments qu'on a vus dominants chez lui, l'amour du devoir et la défiance de son propre sens, lui faisaient chercher en chacune de ses décisions le mérite et la sécurité de l'obéissance.

Il ne lui suffisait pas de consacrer au service de Dieu et au succès de l'œuvre particulière qui lui avait été confiée ces ressources toutes personnelles, il voulut employer jusqu'aux dons extérieurs de la fortune à l'embellissement de la maison de Dieu, comme jadis il les avait fait servir à l'agrément de sa propre maison. La chapelle des Allemands, dans laquelle il parlait tous les dimanches, — le premier des lieux de réunion construits à Paris spécialement pour les catéchismes, — avait été décorée sous le règne de Louis XV avec la grâce encore noble qui régnait alors, et les premiers artistes du temps avaient été appelés à y travailler : **M.** Thiroux, reprenant les anciennes traditions sulpiciennes, offrit de faire restaurer et compléter la décoration d'une chapelle riche en œuvres comme en souvenirs, et, grâce à lui, un habile travail, qu'il suivit de près, fit reparaître dans leur fraîcheur première et rehaussa par un cadre de peintures gracieuses autant que discrètes, les toiles magistrales de Hallé et le plafond digne d'être attribué à Van Loo. Ce double attrait qui le portait à se défaire de son superflu et à *consacrer* l'art, dans le grand sens du mot, en le faisant servir à l'honneur du culte divin, marqua aussi son passage au séminaire. Un jour, la veille d'une ordination, il vint trouver son directeur ; « On nous prêche le détachement, lui dit-il ; je me suis bien donné moi-même ; mais il me semble que je n'ai rien donné tant qu'il me reste quelque chose : voici mille francs dont le bon Dieu a plus besoin que moi : je vous les apporte pour la chapelle. » Il a fallu sa mort pour révéler à ses anciennes enfants et à ses anciens confrères ces traits de générosité, qui fussent restés, avec bien d'autres, le secret de sa vie, et qui continueront de le rappeler sensiblement aux prières désormais offertes dans la chapelle du catéchisme comme dans celle du séminaire.

Une de ses joies, en quittant sa chapelle, à la fin de sa seconde année, était l'espérance de la retrouver transformée, et de pouvoir faire à ses enfants, sans qu'il en coutât à sa modestie, les honneurs de ces embellissements dus à ses largesses anonymes. Mais plus encore il se réjouissait à la pensée que, arrivant plus sûr de lui sur un terrain connu et préparé, il y pourrait entreprendre et mener à bonne fin des œuvres spirituelles mille fois plus précieuses : « Quel bonheur, s'écriait-il, si mon passage au catéchisme pouvait laisser dans quelques âmes ces germes bénis qui se développent dans l'espace de toute une vie et enfantent plus tard des saints dans le ciel ! Oh ! si un jour il m'était donné de voir ce résultat de mes efforts, comme je serais payé de mes peines ! Je sens tout mon être frémir de joie à cette pensée qui me donne comme un avant-goût du Paradis... »

Il ne tiendra qu'à ses enfants d'accomplir le dernier souhait de leur chef, et, en faisant fructifier ces germes de salut que sa parole a semés dans leurs âmes, de lui procurer cette satisfaction posthume, la seule que la terre puisse envoyer encore aux bienheureux dans le ciel.

CHAPITRE VII

LE SOUS-DIACONAT

Le sous-diaconat attendait régulièrement M. Thiroux à la fin de sa deuxième année de théologie. Son entrée dans les ordres ne pouvait pas rencontrer plus d'hésitations de sa part ou de difficultés du côté de ses directeurs que n'en avait eu à vaincre son entrée au séminaire. A l'âge et dans les circonstances où il y était venu, son engagement irrévocable datait du jour où il en avait franchi le seuil, de l'heure où, près du lit de mort de sa femme, il s'était agenouillé devant le tableau de la première ordination.

Aussi bien, quoique cet engagement fût

depuis longtemps signé au fond de son cœur, l'acte qui devait le consacrer solennellement n'en gardait pas moins, aux yeux de l'homme de loi et de l'homme de devoir, toute sa réalité, et le sacrifice, qui en est la note constitutive, pour être moins senti, n'en était pas moins voulu de lui.

« Autrefois, écrivait-il, dans ma vie du monde, j'ai toujours placé le devoir avant tout ; mais j'avais aussi pour but la recherche du plaisir honnête ; je voulais le bonheur, même dès cette terre. Ce bonheur a été souvent bien traversé, mais souvent aussi plein, immense, débordant ; en tout cas, il a été aussi grand qu'il est possible sur terre : je l'ai trouvé dans une jeunesse chaste et laborieuse, dans un mariage chrétien.

« Maintenant, je dois toujours chercher le devoir avant tout, mais le devoir par le sacrifice.

« Ce sacrifice, Dieu me l'a imposé d'abord et je l'ai volontairement accepté de sa main ; puis il me l'a demandé et proposé pour le reste de mes jours, et je l'ai accordé volontiers, satisfait de mon bonheur passé, fier d'imiter le sacrifice héroïque que ma chère femme a fait sous mes yeux de sa vie et de son bonheur terrestre... »

Ce sacrifice fait, dit-il ailleurs, emportait pour lui tous les autres, l'abandon absolu de tout ce que Dieu pourrait lui demander dans la suite : « relations de famille et de société, habitudes de vie et d'études, bien-être, chez-soi, et surtout, *surtout,* souligne-t-il avec une insistance qui montre sur quel point l'effort était le plus nécessaire, *liberté, indépendance,* maintenant et pour toujours. »

Pour soulever si vaillamment le poids de cet avenir, M. Thiroux prenait un point d'appui dans son passé, et il aimait à rattacher le sacrifice que Dieu allait lui demander à l'idée de celui qu'il lui avait imposé. L'image de sa première union était trop pure et trop bienfaisante pour qu'il eût eu à y renoncer, et il n'aurait pas plus accepté d'abandonner, en entrant au séminaire, la mémoire de sa femme que la vieillesse de sa mère. « J'entends garder mes souvenirs, » avait-il dit : il les gardait, en effet, pour lui-même et pour quelques plus intimes amis, avec la double discrétion et la double pudeur de l'amour et de la souffrance.

Ces souvenirs, il ne se contentait pas d'y chercher une consolation légitime ; li y trouvait une source de confiance et de force pour sa vie nouvelle. Il n'est pas de ca ¹er de retraite où il ne recommande ses résolutions « à celle qui devait travailler avec lui à sa sanctification et à la gloire du nom de Dieu. » Ailleurs, s'avouant la difficulté qu'il avait à réciter avec attention le chapelet, il s'y encourage en se rappelant que la dernière prière que sa chère femme avait pu réciter avec lui deux heures avant sa mort, avait été une prière à la sainte Vierge. Mais c'étaient surtout ses ordinations qui devaient amener dans sa pensée un rapprochement naturel entre ses anciens et ses nouveaux engagements. Il raconte ainsi lui-même sa tonsure :

« Lors de l'arrivée de Monseigneur, une violente émotion intérieure saisit mon âme : je me rappelle le jour où j'arrivai à l'autel, il y a dix-sept ans, pour y faire d'autres promesses devant Dieu : tout mon passé évanoui se représente à mon esprit, et bien qu'il ne me laisse aucun regret et que j'accepte pleinement la volonté de Dieu, cependant le contraste ébranle fortement mon âme et fait abondamment couler mes larmes, malgré la présence de mes confrères qui m'observent. Peu à peu je me calme à force de volonté, et je prie ma chère femme de me conduire elle-même, avec la sainte Vierge, vers cet autel où doit s'accomplir un sacrifice nouveau qui, loin de me séparer d'elle, m'en rapproche à tout jamais en Dieu. »

L'approche du sous-diaconat excitait plus fortement encore ces souvenirs, et sa confiance en cette double protection :

« J'ai, écrivait-il, pour parvenir au sacrifice complet de moi, deux secours, dont un commun à tous les chrétiens et l'autre spécial à moi. Le premier, c'est la sainte Vierge Marie qui, ayant tout de l'homme sauf le péché, est à même de comprendre toutes nos misères et d'y porter remède, et dont la pureté sans tache fait une médiatrice toute-puissante auprès du Médiateur divin, son propre Fils. Le second, c'est ma chère femme, dont la vie pure, la mort sainte, mes prières et celles de l'Église ont dû assurer le bonheur éternel, et dont l'amour survivant prie et intercède sans cesse pour moi auprès de Dieu et de notre commune Mère. J'ai l'intime conviction de son bonheur éternel, car je sens à toute heure l'efficacité de son secours, et trouve dans son souvenir qui s'épure chaque jour un perpétuel *sursum corda.* »

A lire ces pages pleines d'une douceur et d'une sérénité célestes, ne semble-t-il pas entendre un écho de ces chants où le poète du Paradis associe dans ses invocations les noms de Marie et de Béatrix ?

La veille de son ordination, M. Thiroux écrivait, avec un sentiment encore plus net du lien mystérieux de son avenir et de son passé : « Je vois arriver le jour du sous-diaconat avec une joie calme, douce et pure qui me rappelle celle que j'éprouvais il y a juste dix-huit ans..... Le souvenir de ma femme m'est plus présent que jamais, et loin de me détourner de Dieu, il m'y ramène sans cesse. Je ne puis voir sans une émotion profonde et intime que mon union avec la sainte Église, loin de briser les liens de mon premier mariage, va au contraire les confirmer pour l'éternité, puisque ni mon corps ni mon cœur ne pourront plus jamais appartenir à aucune créature. Par suite, je conserve l'unité de ma vie, je garde à jamais mes premiers serments, et dans le ciel j'espère retrouver, plus digne d'elle qu'autrefois, celle que Dieu m'a ravie pour un temps afin de mieux me rattacher à lui et de me purifier par la douleur et le sacrifice. »

Mais cette touchante et chrétienne fidélité au souvenir d'une affection qu'un sacrement avait sanctifiée, ne l'empêchait pas de penser avant tout à cette nouvelle union

sacramentelle qu'il allait contracter, et
Jésus-Christ ne trouvait pas en lui un cœur
disputé. M. Thiroux entendait « reporter
sur Dieu et sur Dieu seul la sève d'affection
qu'il se sentait au cœur. »

Ce n'est plus avec le calme et la sérénité du souvenir, c'est avec la double
vivacité de sa nature affectueuse et de
l'amour jeune et vivant qu'il parle de
Notre-Seigneur :

« A partir de ce jour » (de la mort de
sa femme), écrit-il dans sa retraite, « j'ai
renoncé à tout ce qui tenait à la terre, et
n'ai demandé à Dieu qu'une grâce, la grâce
de me prendre à son service exclusif, puisqu'il m'enlevait le seul objet qui me ratta-
chait à la terre.

« Ce que je l'ai prié, ce que j'ai versé de
larmes de supplication et d'amour dans le
silence, lui seul le sait!... Mais il m'a exaucé ;
je le crois... je le sens ! Désormais je suis
à lui, et à lui seul ! J'ai beau chercher ce qui
pourrait m'en détourner ; je ne vois rien,
absolument rien. Je ne me plais qu'en lui,

qu'avec lui ; je l'aime tant que je ne puis même y penser sans pleurer.

« Ah ! si seulement il m'accordait la grâce de pouvoir faire passer dans l'âme des autres une partie de l'amour dont mon âme est embrasée pour lui ! J'ai peur de ne pouvoir y réussir. Je crains que je ne sais quelle pudeur étrange m'empêche de révéler au dehors ce que j'éprouve au dedans, et ne paralyse, sinon mon zèle, au moins l'expression extérieure de ce zèle.

« Donnez-moi la grâce, ô mon Dieu, de parler de vous aux autres comme vous voulez que j'en parle, et ne dédaignez pas de prendre ma parole comme messagère de votre amour !

« Je me sens comme Moïse au moment où vous l'envoyiez à Pharaon ; je ne saurai jamais que dire !

« Je ne vous demande pas de miracles, ou plutôt, ô mon Dieu, je vous demande les miracles ordinaires de votre grâce qui, quand elle veut, sait toucher les cœurs les plus rebelles. »

Ces transports silencieux, ces effusions de tendresse dont l'âme de M. Thiroux était remplie, Dieu n'était pas seul à les connaître : plus d'une fois, à la chapelle, à la messe de communauté, pendant l'action de grâces qui suivait ses communions presque quotidiennes, on devinait, à voir son visage baigné de larmes, l'ardeur intérieure de son amour. Parfois il s'apercevait qu'il avait été surpris : alors, par un sentiment délicat de charité autant que d'humilité, il s'inquiétait de ces consolations extraordinaires, et demandait généreusement à Dieu de l'en priver, si elles devaient lui attirer une estime dont il ne se croyait pas digne, ou inspirer quelque comparaison pénible et peut-être quelque pieuse envie, à des âmes moins favorisées des douceurs sensibles de la grâce.

Mais s'il était en certains cas, et vis-à-vis de ses confrères, comme importuné de la manifestation involontaire de ses délices spirituelles, il ne cherchait pas à se les enlever ou à se les cacher à lui-même. Un fragment d'une de ses lettres explique bien l'état complexe de son âme, en qui l'unité était maintenue par un constant et prédominant amour de Dieu : « Le passé, le présent et l'avenir s'entremêlent dans mon âme et la remuent profondément sans la troubler : je me rappelle mes joies du monde sans amertume et sans regret, mon amour perdu sans angoisse, j'envisage ma situation actuelle avec une allègre résignation et l'avenir avec une joyeuse espérance : Être prêtre, ne plus être seul à jouir de l'amour de Dieu qui, grandissant à mesure que grandissaient mes malheurs, a toujours dépassé par ses joies intimes mes plus vives douleurs ; l'inspirer, le donner aux autres... mon cœur se fond à cette pensée, et moi qui m'étais résigné à une vie entière de souffrances, j'en viens à me demander si j'ai jamais jusqu'ici soupçonné le bonheur. »

Ainsi, en constatant que l'existence avait été pour lui et promettait d'être plus encore un bienfait, il n'en était pas réduit, comme un de ses prédécesseurs à Saint-Sulpice qui, par un ordre inverse, quitta le Séminaire pour le monde et le mariage, à écrire, sous l'impulsion d'une sorte de reconnaissance impuissante, bien voisine de l'ingratitude : « Sans savoir au juste qui je dois remercier, pourtant je remercie. » Lui savait qui remercier du passé comme du présent, de ses souvenirs comme de ses espérances, et il renvoyait son bonheur à Dieu dont il le tenait. En prenant congé du monde, « satisfait de la part qui lui avait été donnée dans ses joies légitimes, n'ayant plus rien à lui demander », il ne demandait plus rien à Dieu même, rien que de pouvoir enfin donner quelque chose à celui dont il avait toujours reçu :

« Dieu d'abord et Dieu seul ! Le reste viendra ensuite, s'il lui plaît, et seulement par surcroît.

« Je ne repousse pas ses dons, mais je m'attache surtout au donateur... *Caritas Christi urget nos !* Oui, la charité de Dieu me presse : j'ai hâte d'y répondre et de me jeter dans ses bras à corps perdu. Prenez-

moi, mon Dieu! me voici! et me voici tout
entier... et pour toujours!

« Enfin, je vais donc pouvoir non plus
seulement vous le dire, car depuis longtemps vous le savez bien, vous, Seigneur!
mais je vais pouvoir le dire à la face de
tout le monde, en présence de votre sainte
Église, au pied de vos autels; je vais pouvoir le manifester hautement, par un acte
public, solennel, inviolable : du moins
alors on le verra, on le croira! Quelle joie
pour moi de pouvoir vous donner quelque
chose! Hélas! c'est bien peu; c'est moi-
même! Mais ce que j'ai et ce que je tiens de
vous, je vous le donne!... Toutes mes facul-
tés physiques ou morales, je vous les con-
sacre : mon corps, mes sens, mon esprit,
mon cœur, prenez tout! »

C'est dans cet esprit de sacrifice, mais de
sacrifice joyeux, que le 7 juin 1884 il reçut
le sous-diaconat. Le sens particulier qui
s'attachait pour lui à cet engagement reçut
de divers détails de sa toilette de sous-
diacre une touchante et symbolique expres-

sion. Il avait voulu que le souvenir de celle qu'il avait aimée fût présent à ses yeux comme à sa pensée, et il demanda à un travail qu'elle avait brodé de ses mains l'aube deux fois précieuse qu'il porta au matin de ses solennels engagements. Mais en même temps il voulut donner un gage, le plus cher qu'il pût avoir, à cette Église de Jésus-Christ qui allait recevoir sa foi pour l'éternité. Il avait jusque-là au doigt l'anneau nuptial : avant de se rendre à l'ordination, il le quitta pour ne plus le reprendre, moins en signe d'une alliance qui se brisait que d'un deuil qui allait cesser, pour faire place à l'alliance imma-térielle d'une Épouse qui ne devait pas mourir.

CHAPITRE VIII

———

« Prenez tout, » avait-il dit à Dieu en se consacrant à lui. Dieu allait en effet prendre tout, plus même, non pas que M. Thiroux n'entendait lui offrir, mais plus qu'il ne croyait sans doute qu'il lui serait demandé. Il avait offert à Dieu sa vie en bloc pour qu'elle fût distribuée aux âmes en détail, et Dieu, acceptant l'offrande, allait la garder toute pour lui seul.

On chercherait vainement dans les notes manuscrites laissées par M. Thiroux comme dans les souvenirs de ses conversations recueillis par ses amis, quelque trace de ces pressentiments qui avertissent parfois

des morts tragiques, sans doute par une
miséricorde de Dieu voulant éclairer de
loin ceux qui ont besoin de prévoir la mort
pour la préparer. Il écrivait bien, dans une
de ses dernières lettres à un de ses plus
anciens amis : « Crois à la mort toujours
possible comme à Dieu toujours vivant » :
mais il y avait là un conseil plutôt qu'un
pressentiment. Il disait bien à Dieu, dans
sa retraite de sous-diaconat : « Je ne sais
ce que je pourrai pour vous : *rien peut-être!*
ce que je sais, c'est que je voudrais pouvoir
beaucoup ; » mais nous voyons par ailleurs
qu'il craignait beaucoup plus de rester,
inactif et impuissant, au bord de la vigne,
qu'il ne s'attendait à être, lui, l'ouvrier de
la onzième heure, rappelé du travail et
payé par le Père de famille avant la fin de
sa journée.

Tout, au contraire, dans ses notes intimes, montre que, sans compter sur elle,
il croyait à la vie, comme tout, dans sa
conversation, dans sa figure si vivante, dans
sa vocation même, dans cet appel si tar-

divement adressé et dans cette docilité si prompte à y répondre, y faisait croire pour lui. Il prévoyait déjà sa troisième et dernière année de séminaire, les études, les occupations, les ordinations qui devaient la remplir : il commençait les préparatifs même matériels de son sacerdoce : disciple en ce point de M. Olier plus que de saint Vincent de Paul, il avait pour Dieu comme pour lui-même le goût du beau, du magnifique, et il s'était commandé un ornement et un calice capables de rivaliser avec ces travaux de broderie ou d'orfévrerie par lesquels l'ancien curé de Saint-Sulpice satisfaisait son esprit de religion sans déroger à son humilité. Il voyait plus loin encore que sa prochaine année de séminaire, plus loin que la prêtrise : lui qui, en entrant à Saint-Sulpice, avec cette naturelle défiance de lui-même qui ne servait qu'à exciter son courage, avait redouté, au sortir d'une vie d'activité extérieure encore trop restreinte à son gré, l'épreuve de trois ans d'une vie de retraite et d'attente, il était effrayé maintenant de se voir si près de la fin, — hélas! et plus près qu'il ne pensait! Il songeait déjà à son ministère, à sa rentrée dans ce monde où il ne devait plus reparaître que pour faire le bien. Décidé à suivre en tout la volonté de ses supérieurs, il espérait seulement pouvoir utiliser plus tard sa science pratique du droit, et rendre à l'Église, par son expérience des affaires, ces services que le clergé doit d'ordinaire demander à des laïques.

Mais ces projets caressés pour l'avenir ne l'empêchaient pas de penser avant tout à la préparation de son ministère immédiat. Il se proposait d'occuper ses vacances à la préparation de sa prochaine année de catéchisme, par le travail et plus encore par la prière : et ce fut le désir d'attirer sur cette année la bénédiction de la sainte Vierge qui lui fit entreprendre, au mois de juillet, le pèlerinage d'Einsiedeln, comme il était allé à Lorette, pendant ses précédentes vacances, lui recommander ses débuts. Les grands spectacles que la nature lui offrait sur son chemin ne le dérangeaient pas de son pèlerinage : il était, en voyage, non pas de l'école de ces saints qui fermaient les yeux aux beautés de la route, mais bien plutôt de celle du Psalmiste, ouvrant son âme toute grande aux merveilles de la création : il était convenu avec son compagnon de ne prononcer jamais le mot *beau* sans avoir une élévation de cœur à Dieu.

Cette même pensée du catéchisme qu'il avait emportée en voyage hâta son retour : il voulait être à Paris pour présider, le 10 août, la deuxième réunion de vacances. Ce fut là que bon nombre de ses persévérantes, fidèles au catéchisme malgré les excessives chaleurs de cette saison, purent le voir et l'entendre une dernière fois. La liste, retrouvée dans ses papiers, des cantiques qu'il avait fait chanter à la séance du soir, porte ces mots : « Pour la sortie : *J'irai la voir un jour, la céleste patrie.* » Ce fut la dernière indication qu'il donna au catéchisme.

Il passa quelques jours à Villemomble,
auprès de sa mère, à laquelle il ne voulait
pas être moins fidèle pendant ses vacances
que pendant ses mois de séminaire. Ses
devoirs de fils et de chef de catéchisme une
fois remplis, il partit pour aller chercher le
repos, ou plutôt le recueillement et la facilité du travail, à Saint-Pair, près Granville.
Il préférait à toutes les stations de bains de
mer ce petit village, où il pouvait goûter
encore quelque chose des douceurs de la
vie de famille, où il retrouvait aussi un foyer
de vie chrétienne, ranimé en ce pays par le
zèle intelligent d'un prêtre dont il était
l'ami. On se souvient de lui avoir entendu
raconter au catéchisme le touchant spectacle, dont il avait été témoin l'année précé-
dente, d'une première communion dans
l'église de Saint-Pair, où chaque enfant, à
son tour, est conduit à la sainte Table par
son père et sa mère, ou plutôt les y amène
lui-même, et les voit presque toujours s'y
agenouiller à ses côtés.

Comment se passait son temps en vacances, lui-même l'a fait connaître, et l'on eût pu le deviner. Il appréciait trop les bienfaits du règlement au séminaire pour ne pas s'en être donné un, assez rempli d'exercices de piété et d'études pour sanctifier ces mois de loisirs, assez souple pour rester pratique. On l'a retrouvé dans ses papiers, annoté de la main de son directeur ; mais ses lettres nous offrent quelque chose d'infiniment plus rare qu'un règlement bien fait : c'est un règlement, et un règlement de vacances, bien observé. Tous les jours, aux mêmes heures, les exercices de Saint-Sulpice, mais combinés avec la promenade, qui n'est pas spécialement l'exercice en honneur au séminaire, — bref, « une oraison de tout le jour sous le double soleil de la nature et de la grâce ». L'étude ne lui avait été permise qu'avec de grandes réserves : il avoue qu'il « triche bien un peu sur ce point ». Absent du séminaire, il demeurait, on le voit, aussi séminariste que possible. Il ne voulait pas d'une interruption complète de trois mois pour ses études ;

encore moins aurait-il consenti à s'y résigner pour ses amitiés : il se maintenait en rapports avec ses confrères par des visites rendues ou reçues, par des lettres, spirituelles et bonnes comme sa conversation ; il se maintenait en rapports directs avec le séminaire même, envoyant de Cannes, par exemple, des fleurs *en cachette* à l'autel de la Vierge fidèle. Dans une lettre écrite de Saint-Pair et qui emprunte à sa date un intérêt singulier, on verra que, au mois de septembre 1884, il pouvait se rendre devant Dieu le même témoignage de fidélité à son règlement de vacances. Il avait, sans se fier à la production fiévreuse des derniers jours, commencé dès son retour de Suisse et achevé à son arrivée à Saint-Pair le sermon sur la prière qu'il devait prêcher à la rentrée, et ébauché ses avis de catéchisme. Il semblait que Dieu attendît qu'il fût en règle avec tous ses devoirs pour le rappeler à lui.

Le mercredi 3 septembre, M. Thiroux sortit, vers trois heures de l'après-midi, pour aller prendre son bain, avec les deux

fils d'un de ses amis, sur la plage de Saint-
Nicolas, devant la maison qu'il habitait.
Lui seul était bon nageur; mais la plage
était sûre, et la mer calme et rassurante.
Par une de ses inexplicables perfidies, des
lames de fond, annonce d'une tempête qui
devait éclater dans la soirée, mirent tout
à coup les jeunes gens en danger. M. Thiroux, voyant l'un d'eux enfoncer, se porta
vivement vers lui; mais, au même instant,
il s'aperçut que l'autre perdait pied. Que
se passa-t-il alors? Peut-être la vue soudaine de ce double péril qu'il se sentait
impuissant à prévenir lui porta-t-elle une
atteinte assez brusque pour déterminer une
congestion. Il resta immobile sur l'eau, si
bien que le danger couru par ses compa-
gnons attira plus l'attention. Un jeune
homme se jeta courageusement à la mer et
fut entraîné à son tour; plusieurs personnes
se dévouèrent sans plus de succès. Quelques minutes après, — et ce fut, de cette
catastrophe courte et terrible, le point mal-
heureusement le plus clair, — on ramenait

au rivage trois corps inanimés. M. Thiroux était un de ceux-là. Il respirait encore; mais l'asphyxie était trop avancée pour pouvoir être efficacement combattue. Le vicaire de Saint-Pair, appelé à la hâte, était accouru, et là, sur le bord de la mer qui venait de faire trois victimes, sous une pluie torrentielle, entouré de la foule émue, il administra l'Extrême-Onction au mourant. Sans reprendre visiblement connaissance, celui-ci rendit le dernier soupir.

Le lendemain, les amis de M. Thiroux lisaient dans les journaux, avec une émotion qui s'aviva en se heurtant à la brièveté impassible d'un *fait divers*, le récit du drame de Saint-Pair... Ce même matin, par le même courrier, un directeur de Saint-Sulpice recevait la lettre suivante :

✝

« Saint-Pair, 3 septembre 1884.

« Très cher et très vénéré Père,

« J'ai reçu ici la lettre que vous avez

bien voulu m'écrire et je vous en remercie bien sincèrement.

« Oui, je veux que ma dernière année de séminaire soit une année de « vrai saint! » C'est la grâce que je demande tous les jours à Dieu, et que je le supplie de m'accorder.

« Mais comment y arriver? C'est vous, mon cher père, que cela regarde : je ferai tout ce que vous me direz, tout, absolument tout. J'ai donné mon cœur, ma vie à Dieu : je ne cherche, je ne désire qu'une chose, faire sa sainte volonté, et pour cela la connaître.

« Jusqu'ici j'ai trouvé dans le règlement du séminariste tout ce que j'avais à faire : je le trouverai encore l'année prochaine et je m'efforcerai d'y être fidèle. J'y serai fidèle, je vous le promets, parce que je l'ai promis à Dieu, parce que je lui en demande tous les jours la force, et parce qu'il ne me refusera pas de faire ce qui est sa volonté sainte.

« Mais après? quand je ne serai plus encadré dans un règlement tout fait qui me porte et me conduit les yeux fermés au but voulu de Dieu? Je commence à m'en préoccuper. Préoccuper n'est pas le mot juste, car je n'éprouve aucun trouble, aucune impatience. Mais pourrai-je être utile à Dieu, à l'Église, aux âmes? où et comment?

« Oh! si Dieu me donnait de faire quelque chose pour lui! si cette dernière phase de ma vie pouvait être féconde!

« Je vous assure que ce n'est pas pour moi que je parle : que Dieu me cache le bien que je pourrai faire, que je l'ignore, mais que ce bien se fasse !

« Si vous pouviez comprendre combien je tiendrais peu à la vie si je n'avais pas cette ambition et cette espérance ! Et pourtant je ne suis pas malheureux. Mon âme continue à nager dans les délices spirituelles et je vous assure que si je pouvais vous détailler ma vie quotidienne, vous ne pourriez que l'approuver : c'est le règlement de Saint-Sulpice au bord de la mer.

« Je comprends bien que Dieu veut me détacher des derniers liens qui m'attachent à la terre en m'enlevant ma chère mère : je la vois s'incliner lentement vers la tombe, et déjà elle est tombée dans la nuit : la vue est presque éteinte. Je suis vos bons conseils, je prie beaucoup pour elle, je lui écris, je l'exhorte, et, grâce à Dieu, tout cela fructifie : elle est fort bien disposée et j'espère qu'elle trouvera après sa mort un juge favorable et miséricordieux.

« Je vous remercie de vos bonnes prières et je vous prie de les continuer. Je rentrerai à Paris le 15 : j'ai écrit mon sermon et préparé les sujets de mes trente-trois avis. Veuillez recevoir mes embrassements les plus respectueux et affectueux en Notre-Seigneur.

« A. THIROUX,
« s.-d. »

Quelques minutes avant qu'il sortît pour aller prendre ce bain où il devait trouver la mort, une personne de la maison, entrant dans la chambre de M. Thiroux, l'avait trouvé le visage baigné de larmes : « Ce n'est rien, dit-il, je viens d'écrire une lettre... » : c'était celle-là. Elle fut lue, à la rentrée du séminaire, aux confrères de M. Thiroux, comme le dernier exemple et la dernière leçon qu'il leur laissât : elle devait trouver place tout entière dans cette notice comme le meilleur éloge funèbre de celui qui l'a écrite, et la meilleure consolation de ceux qui restent. Dieu vient sans doute comme un voleur, mais comme un voleur qui se trahirait, puisqu'il a prévenu qu'il viendrait ainsi et mis ses victimes en garde contre lui-même, en sorte que la mort, si soudaine soit-elle, puisse n'être jamais imprévue. Elle avait saisi, on ne dit pas surpris M. Thiroux, non point seulement dans ce mouvement irrésistible de dévouement qui porte un ami à exposer sa vie pour ses amis, mais au milieu de l'accomplissement régulier de ses devoirs de séminariste.

Le lendemain son corps fut ramené à Paris ; le mardi suivant, 9 septembre, un service fut célébré en l'église Saint-Eugène, sa paroisse, au milieu d'un concours d'amis que la dispersion du séminaire, du barreau et du monde pendant les vacances, n'empêcha pas d'être aussi nombreux que recueilli, et qui épargna aux obsèques de M. Thiroux cet air d'abandon et de tristesse ordinaire aux services parisiens en été. Puis le corps fut conduit à Versailles : le directeur du séminaire de Saint-Sulpice tint à réciter les dernières prières de l'Église sur celui qui mourait son ministre. Dieu permettait que le corps de M. Thiroux fût réuni, comme sans doute l'était ailleurs son âme, à la première compagne de sa vie, en sorte qu'il retrouvât jusque dans la mort cette unité qu'il s'était toujours préoccupé d'assurer à son existence. Mais il emportait dans sa tombe un nom nouveau : « Antoine Thiroux, sous-diacre » : ç'avait été la signature de sa dernière lettre, le dernier mot de sa main, ce devait être aussi son titre définitif et éternel : Dieu n'avait pas voulu qu'il mourût veuf [1].

---

1. Sa mère, à laquelle il avait été si constamment dévoué, le suivit de près : Dieu permit qu'elle s'éteignît quelques semaines après la mort de son fils, quelques jours seulement après en avoir eu connaissance.

Aussi bien, M. Thiroux semble, jusqu'au moment de sa mort, s'être rappelé, non seulement son nom, mais ses engagements de sous-diacre. Depuis longtemps, par un pressentiment ou une inspiration providentielle, il semblait avoir voulu assurer à Dieu au moins par équivalent ce qu'il s'était à son sous-diaconat personnellement engagé à lui fournir, un bon prêtre. Il voulait avoir la joie d'en élever un de ce pays de Saint-Pair qu'il aimait tant et où il devait finir sa vie : il s'était fait choisir et présenter un enfant d'une vocation reconnue, et avait pris les mesures nécessaires pour subvenir à son éducation cléricale, au cas où cette vocation serait suivie : le 2 septembre, il voyait les parents de l'enfant et réglait avec eux les conditions de cet engagement : le lendemain la mort le frappait, mais ici encore sans le surprendre, et non sans lui avoir donné le temps de mettre sa délicatesse en règle vis-à-vis de Dieu et de laisser un héritier de son sacerdoce.

Ce dernier vœu de son âme serait encore

mieux accompli, si cette notice, dont le mérite est d'être toute pleine de lui, pouvait susciter parmi ses amis, parmi ses confrères, d'autres *lui-même,* en leur rappelant de sa vie ce qu'ils en ont connu, en leur révélant ce qu'ils en ont ignoré, et lui donnant ainsi le moyen de faire encore, comme il le souhaitait dans sa dernière lettre, le bien sans le voir.

FIN

TABLE

PARIS. — IMPRIMERIE DE L'ŒUVRE DE SAINT-PAUL,

L. PHILIPONA, 51, RUE DE LILLE

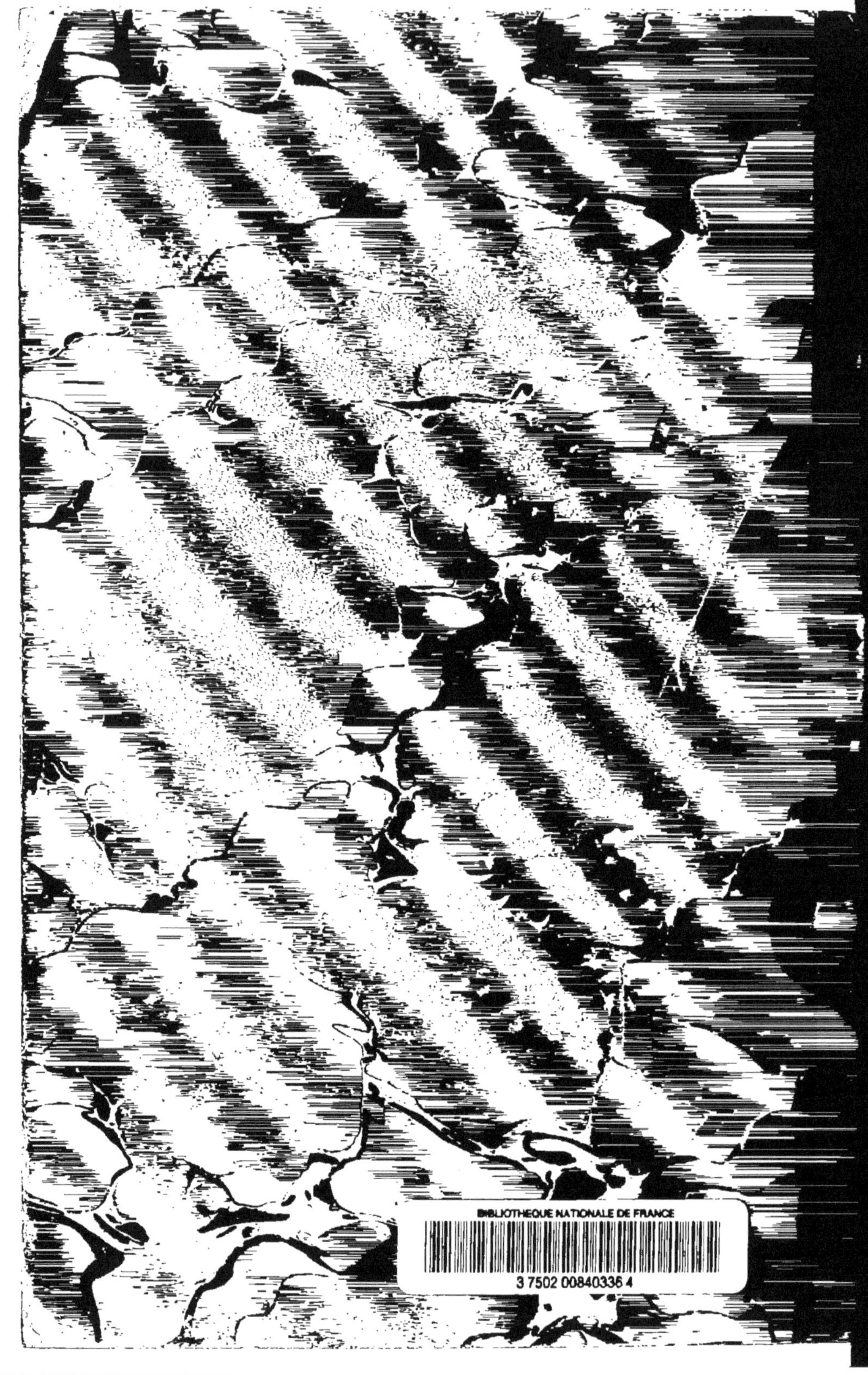